LA ENFERMEDAD DE ALZHEIMER

Cuerpo y salud

Últimos títulos publicados

William Molloy
Paul Caldwell

LA ENFERMEDAD
DE ALZHEIMER

Una guía práctica para cuidadores y familiares

PAIDÓS

Barcelona
Buenos Aires
México

Título original: *Alzheimer's Disease*
Publicado en inglés, en 1998, por Key Porter Books,
Toronto

Traducción de Fernando Fontán

Cubierta de Julio Vivas

© 1998 by Dr. D. W. Molloy and Dr. J. P. Caldwell
© 2002 de la traducción, Fernando Fontán
© 2002 de todas las ediciones en castellano
Ediciones Paidós Ibérica, S.A.,
Mariano Cubí, 92 – 08021 Barcelona
y Editorial Paidós, SAICF,
Defensa, 599 – Buenos Aires
http://www.paidos.com

ISBN: 84-493-1241-8
Depósito legal: B-14.573/2002

Impreso en Gràfiques 92, S.A.
Av. Can Sucarrats, 91 – 08191 Rubí (Barcelona)

Impreso en España – Printed in Spain

A mi padre, John D. Caldwell, que siempre creyó
en mí, y a todos aquellos que sufren, como él,
la enfermedad de Alzheimer

P. C.

Sumario

Agradecimientos

Me gustaría dar las gracias a mi familia y a mis colegas del Geriatric Research Group. En particular quiero mostrar mi gratitud a los doctores Ken Rockwood, Barry Reisberg, Warren Davidson y Cieran Sheehan así como a Gertrude Cetinsky, Douglas Rapelje, Wendy McPherson, Shirley Hockey, Gail Butt, Judy Lever, Lori Pokoradi, doctora Irene Tuttle, Rosalie Jubelius, Tim Standish, Stephanie Smith, David Schultz, Gloria La, Andrea Vertesi, Brett Sanderson, David Shultz, Rose Perovich y Meg Reich por su ayuda y soporte. Y quiero dar también las gracias de forma especial a Gena K. Gorrell y Beverley Sotolov por su ayuda en la edición de esta obra.

D. W. M.

Mucho de lo que he aprendido acerca de la faceta humana de la enfermedad de Alzheimer se lo debo a las enfermeras y al personal del Golden Plough Lodge de Cobourg, Ontario, donde mi padre es paciente. Su amabilidad y compasión han sido para mí fuente de inspiración, y les estoy profundamente agradecido. Asimismo, querría expresar mi reconocimiento a Susan Delong por mecanografiar el manuscrito, y también a los doctores Chris MacKnight, Sandra Black, Allison Collins y Robert Scott, así como a Ian y Lola Munro, y a mis compañeros, los doctores Ari Haukioja, Michael

Jones, Christine Simon y Ian Wilson. Merece mi especial gratitud Gena K. Gorrell por su maravillosa dirección y ayuda como editora, y también Susan Renouf, quien sugirió que el doctor Molloy y yo podíamos escribir juntos este libro.

Escribir esta obra ha significado una catarsis para mí y, en el intento por entender la enfermedad, he conseguido resignarme con la suerte que ha corrido mi padre. Este proceso únicamente ha venido a reforzar algo que ya sabía (la familia es lo más importante que existe) y querría darle las gracias a mi esposa, Judy, por su ayuda y su cariño, y a mis hijas Jen, Amy y Lucy por el apoyo y el ánimo que me han dado. En especial quiero dar las gracias a mi hija Nina, de 6 años, que regularmente interrumpía mi redacción intentando trepar sobre mi falda para revisar mi trabajo y corregir mi gramática.

J. P. C.

Introducción

Un diagnóstico de la enfermedad de Alzheimer es el principio de un largo y difícil camino que dura aproximadamente nueve años. El Alzheimer afecta no sólo a quien padece la enfermedad, sino también a las personas que rodean al enfermo. La familia y los amigos son compañeros de viaje, son quienes comparten la experiencia y la pérdida.

Las armas más poderosas para enfrentarse a la enfermedad son la formación, la amabilidad y el amor. Este libro le proporcionará el conocimiento y la comprensión necesarios para que su amor brille con valentía e intensidad a lo largo de todo el camino.

Capítulo 1

El primer caso de la enfermedad de Alzheimer

En una fría y gris tarde de noviembre de 1901, un angustiado marido condujo a su esposa al hospital mental de Francfort del Meno para que recibiera tratamiento. A la mujer la examinó un joven neurólogo alemán que, desde el primer momento, quedó perplejo con ella, incapaz de entender o diagnosticar sus extraños síntomas y su comportamiento. Nunca, a lo largo de toda su formación médica y experiencia, había visto un caso similar. Era evidente que la mujer sufría una grave alteración de la función mental, similar a la que a menudo había visto en personas muy ancianas y seniles. La paciente experimentaba la misma pérdida de memoria e idénticas dificultades con el habla, confusión y debilidad de razonamiento. Sin embargo, no era todavía una mujer senil, ni tampoco era muy mayor. Su problema no podía diagnosticarse como de «demencia senil», ¡tenía sólo 51 años!

En una estancia poco acogedora, frente a él, en su mesa de despacho, se encontraba la paciente, un ama de casa vecina de Munich y cuyo nombre era Auguste. Aparentaba muchos más años de los que en realidad tenía. Llevaba el cabello despeinado, vestía de forma descuidada y en su mirada podía apreciarse un temor salvaje de tipo animal, que ya había visto antes en enfermos mentales y en personas verdaderamente locas. Su marido parecía extenuado, casi ojeroso, pero tenía buenos motivos para encontrarse así. Acababa de describir el extraño comportamiento de su esposa durante los últimos meses y la historia era desgarradora.

Durante prácticamente toda su vida la mujer había gozado de buena salud, nunca había estado hospitalizada y raramente había enfermado. Hasta el momento de casarse y tener hijos había trabajado en una fábrica. Ahora era ama de casa. La mujer no sólo había gozado de buena salud, sino que también había sido feliz, había tenido muy buen carácter y una excelente disposición; hasta que un día empezó a cambiar.

En su momento el marido no había detectado los cambios, pero evocando ahora el pasado se daba cuenta de que un primer indicio del problema habían sido los celos de su mujer. Habían disfrutado de un buen matrimonio. Su esposa siempre había sido una mujer abnegada, pero por algún motivo que él no había podido entender, ella empezó a mostrarse desconfiada: le acusaba de ser infiel y, en varias ocasiones, se enfrentó a él de forma furiosa. Estos arrebatos fueron violentos e irracionales. El pobre hombre había defendido su inocencia frente a sus asustados hijos, al tiempo que proclamaba su cariño, pero esto no conformaba a su mujer. Por si los celos no fueran calvario suficiente, pronto la esposa empezó a sospechar que su marido la engañaba, y sus nervios fueron en aumento. Él no tardó en darse cuenta de que el problema radicaba en la falta de memoria de su mujer. Se olvidaba de dónde había dejado las cosas (cosas intrascendentes, como los guantes de su hija) y, entonces, cuando era incapaz de localizarlas, montaba en cólera, al tiempo que acusaba a su marido de haberlas cogido y escondido para que ella no las encontrara. Los enfrentamientos eran frecuentes y con una gran profusión de gritos, desatando contra el marido su furia y convirtiéndolo en el objeto de su cólera. Estos ataques de genio no se correspondían en absoluto con el carácter de la mujer. A veces, el marido encontraba los objetos extraviados ocultos en lugares extraños. En una ocasión encontró su cepillo del pelo en el horno y otro día descubrió su pipa escondida entre la ropa para la colada. En diversas ocasiones la mujer se perdió cuando paseaba por el vecindario. Un día acudió a la carnicería, que estaba a media manzana de distancia y que era donde compraba desde hacía años, y se asustó mucho al no poder encontrar el camino de regreso a casa. Cuando salía a hacer algún recado, el marido tenía que acompañarla para evitar cualquier percance.

La situación empeoró. La mujer se confundía y desorientaba dentro de los límites de su pequeño apartamento. No podía recordar dónde estaba el cuarto de baño y olvidaba el nombre de los objetos domésticos más simples, como la cama o la nevera. Se le hizo imposible cocinar. No se trataba sólo de que no recordara las recetas, la cuestión era que no sabía qué hacer con los cacharros y los utensilios de cocina. Ni tan siquiera podía poner la mesa. Tenía dificultades con las tareas más sencillas, como vestirse. No era un problema de incapacidad física, pues todavía tenía fuerza en las manos y en las piernas; cuando se enfadaba se revolvía con fiereza, circunstancia ésta de la que su marido podía dar fe, puesto que debía sujetarla para evitar que lo golpeara.

Y entonces, una noche, empezaron los gritos.

Durante los últimos meses, su capacidad para conciliar el sueño se había ido deteriorando. A medida que se acercaba la noche, aumentaba su confusión y su nerviosismo. Cuando finalmente se dormía (por regla general bastante tarde), se solía despertar un rato después y se levantaba de la cama. Su marido la seguía a través de la oscuridad, para cerciorarse de que estaba bien, y la observaba deambular por el pequeño apartamento. En ocasiones la mujer permanecía de pie y quieta en el vestíbulo, o se sentaba en una silla con una mirada en su rostro que expresaba desconcierto. Una noche se despertó gritando y no hubo manera de apaciguarla. Se trataba de unos alaridos antinaturales, espantosos. Ella estaba segura de que la iban a asesinar y continuaba gritando: «¡No, no, pare, por favor!». Los vecinos llamaron a la puerta, para ofrecer su ayuda, y el marido tuvo que convencerles de que lo único que ocurría es que su esposa había tenido una pesadilla.

Los días posteriores fueron agonizantes. Ella deambulaba por el apartamento durante horas y horas; en ocasiones arrastrando pequeños muebles o la ropa de la cama. Entonces, súbitamente, dejaba de divagar, ladeaba su cabeza como si quisiera escuchar y contestaba a una voz que sólo ella había oído.

La vida de la pareja estaba destrozada. Al final el marido tuvo que llevar a su esposa al hospital para que la reconocieran.

El corpulento neurólogo repasó sus notas y estudió el caso. Pese a que la cabeza de Auguste estaba completamente ida, no tenía dolencias corporales. El diagnóstico no era de locura, ni de ninguna otra de las enfermedades mentales que tan a menudo había visto con anterioridad. No era un caso de parálisis general progresiva del demente característica de la sífilis, ni tampoco era la demencia de la esquizofrenia. Sin embargo, era evidente que esa pobre mujer que estaba frente a él padecía un trastorno mental que progresaba rápidamente y que ya no podría ser controlada de forma segura en su casa. Así pues, firmó los papeles de admisión y fue ingresada en el psiquiátrico.

Este encuentro entre el neurólogo alemán y la mujer dio lugar a la primera descripción detallada de una demencia, o de una pérdida de la capacidad de razonar, que no había sido identificada con anterioridad. Era un trastorno que afectaba a personas de mediana edad y a quienes estaban en un momento óptimo de la vida. A la mujer la conocemos sólo como «Auguste D.». Los rasgos de su carácter han quedado olvidados. Los datos sobre su persona, aparte de los detalles sobre su enfermedad, se han perdido. Sin embargo, el nombre del médico que la atendió se ha hecho muy conocido en todo el mundo. Se trataba del doctor Alois Alzheimer.

EL DOCTOR ALZHEIMER

Alois Alzheimer nació en 1864 en una población llamada Markbreit, en las afueras de Würzburg, en el sur de Alemania. Después de cursar los estudios secundarios, el joven Alzheimer estudió medicina en las universidades de Würzburg y Berlín. Se graduó en 1887, después de escribir su tesis de final de carrera sobre las glándulas productoras de cera que se encuentran en el oído. Durante los seis meses posteriores, Alzheimer se dedicó a acompañar a una mujer enferma mental durante los viajes que efectuaba. Este tipo de destino profesional era frecuente entre los médicos jóvenes y esta experiencia le hizo interesarse por la psiquiatría y los trastornos mentales. En esa época los médicos discutían acaloradamente sobre si las causas de las enfermedades mentales eran médicas (esto es, relacionadas con algún tipo de afección del tejido cerebral o nervioso, en la que radicaría el origen de la disfunción), o psicológicas, enraizadas en un trauma emocional, como defendía el prestigioso psiquiatra vienés Sigmund Freud. Tras esa etapa, Alzheimer consiguió un trabajo como director médico en un hospital psiquiátrico en Francfort del Meno. Cuando se encontró con el caso de Auguste D., Alzheimer tenía 37 años y ya era considerado un neurólogo de prestigio. Había publicado estudios sobre la epilepsia, los tumores cerebrales, la sífilis y el endurecimiento de las arterias del cerebro, así como sobre otros temas. Era conocido por la meticulosa correlación que efectuaba entre el curso clínico de sus pacientes (sus dolencias, y los descubrimientos que iba efectuando) y los cambios observados una vez que habían fallecido, cuando al efectuar las autopsias examinaba sus cerebros con el microscopio.

DEMENCIA

La palabra «demencia» proviene del latín *de mentis*, que significa «locura». El término fue acuñado por Philippe Pinel en 1801 cuando escribió sobre las enfermedades mentales en los psiquiátricos de París. Cuando se utiliza médicamente, el término «demencia» es muy específico; significa trastorno cerebral, la incapacidad del cerebro para funcionar con normalidad, y se refiere a una pérdida de capacidad intelectual lo suficientemente significativa como para interferir en las actividades cotidianas de la persona y en su vida social o laboral. La demencia siempre conlleva una mala memoria, pero también supone falta de criterio y dificultades con el pensamiento abstracto, así como una acentuada disminución en la capacidad de razonamiento y en la de comprensión. Las causas de la demencia pueden ser tan dispares como una lesión en la cabeza, una apoplejía, tumores cerebrales e infecciones en el cerebro; sin embargo, en el 75 % de los casos en los que se diagnostica demencia está presente la enfermedad de Alzheimer. El número de dementes aumenta de forma espectacular con la edad; pero la mayoría de las personas mayores, incluso aquellas que tienen más de 90 años, no padecen esta enfermedad; la mayoría conserva sus facultades de razonamiento, juicio y comprensión.

EL DESTINO DE AUGUSTE

Durante los siguientes cuatro años Auguste estuvo ingresada en un manicomio de Francfort, donde el doctor Alzheimer era el neurólogo encargado del servicio de admisión. Tanto para ella como para su familia fueron unos años angustiosos. La pobre mujer no sabía dónde estaba, ni quién era y, transcurridos unos meses, ni siquiera era capaz de reconocer a su marido o a su hija. Al principio deambulaba constantemente por los pasillos del hospital, arrastrando las sábanas y la ropa de la cama, al tiempo que pedía ayuda. Explicaba que no podía entender el motivo por el cual se encontraba allí, que se sentía confundida y totalmente perdida. Era incapaz de recordar cuál era su habitación y tampoco reconocía al doctor Alzheimer cuando éste atendía a los pacientes. De vez en cuando se imaginaba que el doctor era una «visita oficial» y se disculpaba por no haber terminado su trabajo; otras veces sencillamente gritaba expresando miedo y sufrimiento. Ocasionalmente, Auguste echaba al doctor dedicándole todo tipo de maldiciones y diciendo a todo el personal de guardia que el doctor le estaba haciendo proposiciones deshonestas. Tenía un modo peculiar de hablar y mezclaba las palabras; a menudo no empleaba las palabras adecuadas y, en su lugar, utilizaba otras de significado similar o afín (por ejemplo, decía «jarra de leche» en lugar de «taza»). Muchas noches gritaba durante horas; se trataba de un gemido horrible e inhumano que retumbaba en cada uno de los rincones de los lúgubres pasillos de piedra del manicomio.

Con el transcurrir de los años Auguste empeoraba. Al final quedó postrada en cama y, a causa de las contracturas que padecía, debía permanecer recostada de lado, como un bebé, con las piernas pegadas al cuerpo y los brazos recogidos sobre el pecho. Tenía unas enormes y fétidas llagas y padecía incontinencia. Estaba totalmente ajena a su entorno. Cuatro años y medio después de que se manifestara por primera vez su enfermedad, al principio en forma de celos hacia su marido, Auguste D. murió, a los 55 años, sola y sin que le diagnosticaran su dolencia. De ella no había quedado más que una remota imagen de lo que fue en su día.

SENILIDAD

La palabra «senilidad» proviene del latín *senium*, que significa «viejo»; el adjetivo «senil» (viejo) sencillamente significa lo contrario de «juvenil» (joven). El término no tiene ninguna relación con el funcionamiento o la capacidad de la mente; se refiere únicamente a la edad. En la época en la que vivió Alzheimer se creía que la mayoría de las personas, si no todas, perdían las facultades mentales a medida que envejecían (esto es, que se volvían dementes), de modo que el término «senil» se asociaba con esta pérdida. En la actualidad sabemos que esto no es cierto. La edad no conlleva necesariamente una disminución significativa en las fuerzas del razonamiento o en las capacidades mentales. De hecho, la edad puede significar poseer un caudal de experiencia y un cambio en la perspectiva de lo que se entiende por sabiduría. Auguste desarrolló la demencia a una edad muy temprana —antes de la senilidad (edad madura)— y, durante años, su enfermedad fue catalogada como demencia «presenil». Hoy se sabe que la enfermedad de Alzheimer que se padece a una edad todavía joven es la misma enfermedad que sufren los ancianos. También se sabe que, aun cuando esta afección es más frecuente entre las personas mayores, desde luego no es inevitable. Thomas Jefferson fundó la Universidad de Virginia a los 65 años, Goethe acabó *Fausto* con más de 70 años, George Bernard Shaw empezó a escribir su primera novela después de haber cumplido los 60, y Verdi tenía 79 años cuando compuso la gran ópera *Falstaff*. ¡Y después dicen de la vejez...!

LAS SEÑALES EN EL CEREBRO DE AUGUSTE

Durante cuatro años, mientras observaba su deterioro en el manicomio, el doctor Alzheimer había reflexionado sobre la extraña enfermedad mental de Auguste D. Sin embargo, no fue hasta unos días después de su muerte, una vez que se extrajo el cerebro del cráneo y se tiñó para poder identificar varios tipos de células, cuando el neurólogo pudo investigar la enfermedad que había acabado con su paciente.

Empezó estudiando el cerebro de forma global. Después de pesarlo, lo sostuvo cuidadosamente entre sus manos, girándolo una y otra vez, observando hasta los detalles más pequeños. No cabía duda de que era más pequeño de lo normal, quizá le faltaba una tercera parte de su tamaño, y era también más ligero de lo debido; parecía haberse consumido. Normalmente, la capa exterior del cerebro humano es tan sólida y bien desarrollada que se pliega sobre sí misma para adaptarse al cráneo. Los pliegues resultantes de esta capa del cerebro, con forma de acordeón, se denominan «córtex cerebral» (*córtex* es una palabra que proviene del latín y con ella se designaba la «corteza de árbol»; el córtex humano tiene la apariencia de una corteza húmeda). De inmediato, Alzheimer se dio cuenta de que esos pliegues en Auguste eran mucho más delgados de lo usual, con unos espacios anchos entre ellos, como si el tejido se hubiera consumido.

A continuación, Alzheimer miró a través del microscopio finas capas de tejido cerebral. Gracias a los avances en las técnicas de tinción y a la tecnología óptica alemana, Alzheimer se había convertido en uno de los mejores especialistas europeos en las enfermedades del cerebro, en especial en el análisis de los cambios microscópicos que se ponen de manifiesto en las diversas enfermedades que dan lugar a alteraciones neurológicas. Lo que vio en el cerebro de Auguste eran los rasgos característicos de un nuevo tipo de demencia.

Lo primero que Alzheimer constató fue que muchas de las células cerebrales que debían estar presentes no eran visibles (sencillamente, no estaban). Podía observar los espacios vacíos donde se suponía que habían estado anteriormente, pero las neuronas (las células básicas del cerebro, responsables del pensamiento y la actividad neurológica) habían desaparecido.

LAS CÉLULAS CEREBRALES ASFIXIADAS POR EXTRAÑAS FIBRAS ENMARAÑADAS

Muchas de las neuronas que quedaban no eran en absoluto normales: en sus cuerpos celulares tenían extraños elementos, con apariencia de hebras y en forma de huso, que eran muy prominentes y que absorbían bien el tinte, mostrando una apariencia oscura cuando se observaban a través del microscopio. Algunas células tenían sólo uno o dos de esos extraños filamentos, pero en otras las fibras

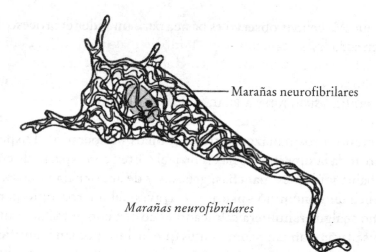

Marañas neurofibrilares

Marañas neurofibrilares

se enmarañaban entre sí formando manojos, de un grosor tal que parecían estar asfixiando a las neuronas. En los casos peores las neuronas habían desaparecido y sólo era visible una tosca masa enredada, con una estructura similar a la de una cuerda. Alzheimer denominó a estos filamentos «fibrillas» (pequeñas fibras); la presencia de estas fibras formando capas en el córtex cerebral es un signo microscópico de que el diagnóstico es la enfermedad de Alzheimer.

Estas «marañas neurofibrilares» (como las denominó Alzheimer) estaban presentes en muchas células cerebrales de Auguste (según su estimación, entre una cuarta y una tercera parte del cerebro tenía esas oscuras hebras con forma de raíz que llenaban y sofocaban las células normales). ¡No es de extrañar que la pobre mujer no pudiera razonar correctamente! Alzheimer postuló que como la tonalidad que habían adquirido las fibrillas al teñirse era distinta de la que presentaba el tejido cerebral normal y dado que habían sobrevivido a la transformación de la célula, debían de haber experimentado algún tipo de transformación química. Alzheimer escribió: «Parece que simultáneamente a la transformación de estas fibrillas se produce un almacenamiento en las neuronas de un producto metabólico que es la causa de la enfermedad y que todavía no se ha podido identificar». El tiempo ha demostrado que el meticuloso neurólogo alemán estaba en lo cierto. La comprensión de cuál es la causa de que aparezcan estas fibras retorcidas que Alzheimer observó es básica para entender el proceso de la enfermedad.

CICATRICES SIMILARES A PLACAS EN EL CEREBRO

Hubo otros hallazgos microscópicos inesperados. Dispersas sobre toda la superficie del cerebro, el córtex con aspecto de corteza, había múltiples manchas, gruesas y de apariencia viscosa, que Alzheimer denominó «placas». A través del microscopio parecía como si alguien hubiera salpicado el córtex con gotas de pintura. Estas placas eran tan prominentes que incluso podían identificarse en una sección cortada del cerebro que no hubiera sido teñida. Y así era posible observar numerosas manchas negras, densas y de contornos irregulares, de apariencia muy extraña, como cráteres microscópicos en un campo de batalla biológico. Anteriormente ya se habían identificado estas raras placas en los cerebros de personas muy ancianas (Alzheimer las reconoció como las denominadas «placas seniles»). Estos tres cambios patológicos en el cerebro (la pérdida de células cerebrales, las masas de fibras destructivas que él denominó «marañas neurofibrilares» y las placas seniles) fueron los principales hallazgos de Alzheimer en el cerebro de Auguste. Un siglo después continúan constituyendo la base del diagnóstico microscópico de la enfermedad.

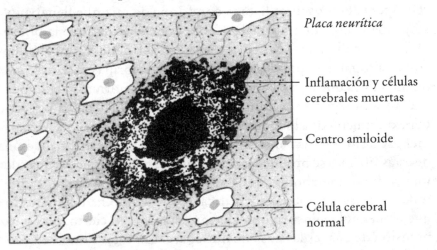

Placa neurítica

Inflamación y células cerebrales muertas

Centro amiloide

Célula cerebral normal

Varios meses después de que se realizara la autopsia a Auguste, Alzheimer presentó el caso a un grupo de psiquiatras en un encuentro que tuvo lugar en el sur de Alemania en 1906; se trata de la primera descripción publicada de este nuevo tipo de demencia. El médico alemán puso el énfasis en el deterioro clínico de una persona tan joven, en la reducción del cerebro y en la presencia de numerosas placas seniles y de extrañas marañas de filamentos. Alzheimer concluyó: «Es evidente que estamos frente a un peculiar proceso patológico poco conocido». ¡Cuán proféticas han resultado ser esas palabras!

LOS ÚLTIMOS AÑOS DE ALZHEIMER

Cuando presentó el extraño caso de Auguste D., el doctor Alzheimer se encontraba en la Heidelberg University, donde enseñaba neurología e histología, la nueva ciencia recién implantada que consiste en la observación microscópica de tejidos enfermos. Era un profesor venerado y a su laboratorio acudían alumnos provenientes de todos los lugares del mundo. Fumaba sin cesar y, cuando quería hacer hincapié sobre los puntos significativos del examen microscópico, solía dejar el puro encendido junto al instrumental de los estudiantes. Ponía tanto entusiasmo y quedaba tan absorto que al final del día había restos de puro esparcidos por todos los microscopios. Hubo personas que empezaron a referirse al caso no como el de Auguste D., sino como el del doctor Alzheimer. (En aquel entonces estaba bien arraigada la costumbre de denominar a la enfermedad con el nombre del médico que primero había descrito los síntomas; ejemplos bien conocidos son la enfermedad de Parkinson y la corea de Huntington.) Pronto otros neurólogos empezaron a identificar casos similares y confirmaron que los hallazgos microscópicos de Alzheimer tenían categoría diagnóstica.

En 1912, Alzheimer aceptó un cargo como profesor interino en un hospital universitario de la ciudad alemana de Breslau. Cuando se dirigía en tren hacia su nuevo destino enfermó de amigdalitis estreptocócica aguda («inflamación de garganta»). Antes de la aparición de los antibióticos, la amigdalitis era una infección grave, y tu-

vo que pasar varias semanas ingresado en el hospital. Como secue-
la de la fiebre reumática, una complicación de la amigdalitis, pade-
ció una cardiopatía. Alzheimer pasó los tres años siguientes en el
hospital, cada vez más débil y con una afección cardíaca. Murió en
1915 víctima de una endocarditis, un tipo de infección de una vál-
vula cardíaca, y de un fallo renal. Tenía 51 años (la misma edad que
tenía Auguste cuando la visitó por primera vez, víctima de la enfermedad que ahora lleva su nombre).

¿CON QUÉ FRECUENCIA SE PRESENTA LA ENFERMEDAD DE ALZHEIMER?

El científico Lewis Thomas calificó el Alzheimer como «la enfermedad del siglo y existen pruebas que corroboran esta afirma-
ción. El miedo a «enloquecer» es el principal temor de nuestra en-
vejecida población. Este miedo a perder las facultades mentales y,
por lo tanto, el control personal es mayor que el miedo que provocan el cáncer, las enfermedades cardíacas, la artritis u otras dolorosas afecciones y, de hecho, cualquier otro aspecto relacionado con
el envejecimiento. Lamentablemente, para muchos mayores, estos
temores se convierten en una terrible realidad.

La incidencia del Alzheimer (y de otras demencias) está directamente relacionada con la edad. Aunque se han certificado algunos casos en personas que estaban todavía en la veintena, se trata
de casos extremadamente raros, al igual que lo es el diagnóstico de
la enfermedad antes de los cincuenta. De estudios que se han realizado en diversos lugares del mundo, sabemos que la demencia
se da en aproximadamente el 8 % del conjunto de población de
más de 65 años, aunque la incidencia varía de un país a otro, así
como también difiere entre los distintos estudios efectuados. Entre las personas de más de 80 años el porcentaje se sitúa en torno
al 25 %; y alcanza el 40 % entre quienes sobrepasan los 90 años.
Esto significa que casi una de cada diez personas consideradas
«ancianas» sufre algún tipo de demencia. También significa que
entre quienes viven 90 años o más la proporción sube a una persona de cada tres.

EL ALZHEIMER EN EL MUNDO

El Alzheimer es cuatro veces más frecuente entre los hombres británicos que entre los estadounidenses o los japoneses. La probabilidad que tienen las mujeres británicas de contraer la enfermedad es tres veces superior a la de las japonesas. El motivo de estas variaciones no está claro; puede ser genético, o debido a la dieta, al ambiente o a otros factores que se desconocen. Puede ser también que se deba sencillamente a que el diagnóstico y la información sobre la enfermedad se planteen de forma distinta en esos países.

Casos de Alzheimer por cada 100.000 habitantes:

	Hombres	Mujeres
Japón	0,8	1,5
Rusia	1,1	3,8
Escandinavia	1,6	2,2
Reino Unido	3,0	4,9
Estados Unidos / Canadá	0,7	2,1

En la actualidad nuestra población está envejeciendo, mientras las perspectivas de vida aumentan. Hace quinientos años llegar a la vejez era excepcional; la gente moría más joven. Durante los últimos siglos, las mejoras en nutrición, las medidas de salud pública para evitar las enfermedades y las dolencias, y los avances en la medicina nos han protegido de una muerte prematura, de forma tal que un porcentaje cada vez mayor de población vive muchas más décadas. Debido a que nuestra longevidad ha aumentado, las enfermedades degenerativas del cerebro, como el Alzheimer, suponen uno de los principales problemas de salud para la sociedad. Con más mejoras en la asistencia médica, esperamos que un porcentaje mayor de nuestra población podrá vivir fácilmente más allá de los 80 y de los 90 años; esto significa que la incidencia de la enfermedad de Alzheimer aumentará de forma espectacular durante los próximos decenios. Se espera que la mitad de los niños nacidos en Canadá este año viva 81 años o más y aproximadamente uno de cada cuatro desarrollará una demencia grave como el Alzheimer. En Estados Unidos la enfermedad de Alzheimer se ha convertido en una de las cuatro principales causas de muerte: una de cada tres familias tiene un miembro que padece un problema de demencia. Al posibilitar que nuestra población envejezca hemos cambiado los tipos de enfermedades y de causas de muerte que afectan a nuestra sociedad.

EL ALZHEIMER EN CANADÁ

Para entender el alcance de estos cambios debemos analizar el número de personas ancianas que hay en Canadá. En 1900, el 5 % de los canadienses tenía más de 65 años. En 1991 la cifra rozaba el 10 %. En el año 2000 el porcentaje alcanzará el 12 %; y se prevé que en el 2031 el 21 % de los canadienses será mayor de 65 años. Esto significa que, en tan sólo ciento treinta años, el porcentaje de canadienses que superarán los 65 años se habrá cuadruplicado, lo cual supone un aumento increíble.

Existen datos que indican que la enfermedad de Alzheimer es con diferencia el tipo de demencia más frecuente: aproximadamente unos 250.000 canadienses padecen este trastorno. Cada año se dan 10.000 nuevos casos (27 diarios). En Canadá la demencia se diagnostica al doble de mujeres que de hombres y, como en cualquier otro lugar del mundo, el predominio de todo tipo de demencia está relacionado con el envejecimiento. En Canadá sólo el 2,4 % de las personas entre 65 y 74 años son dementes; pero este porcentaje aumenta hasta el 34,5 % en quienes tienen 85 años o más. A medida que la población canadiense envejezca, se prevé que aumentará espectacularmente el índice de personas con demencia. En el año 2030 se cree que en Canadá puede haber 750.000 casos de demencia, lo cual supondría un incremento del 300 % sobre las cifras actuales, mientras que el número de habitantes habrá aumentado sólo un 40 %.

El coste de la asistencia para los dementes es increíblemente elevado (más caro que la suma de lo que cuesta atender las apoplejías y el cáncer). En 1991, en Canadá el coste se estimó en 3.900 millones de dólares (el 6 % del presupuesto total de la sanidad nacional para ese año). Se estima que en el año 2030 este coste se elevará a 12.000 millones de dólares anuales.

EL ALZHEIMER EN ESTADOS UNIDOS

La situación es similar en Estados Unidos. Se calcula que la enfermedad de Alzheimer afecta actualmente a cuatro millones de estadounidenses y que causa 100.000 muertes al año. Estas cifras serán mucho más alarmantes a medida que la población envejezca. En Estados Unidos, en el año 1900 había tres millones de ancianos (mayores de 65 años) y en 1980 se alcanzaron los 25 millones (lo que significa que la cifra se multiplicó por ocho). En el año 2000 se habrá llegado a los 31 millones de personas mayores de 65 años. Las cifras son todavía más sorprendentes por lo que respecta a los «muy ancianos», aquellos mayores de 75 años. En Estados Unidos, en 1900 había sólo 900.000; en 1980 se llegó a los 10 millones. En la actualidad, en Estados Unidos hay más de 50.000 ancianos mayores de 100 años. En el 2000 el número de personas mayores de 75 años se elevará a los 13 millones y aproximadamente una cuarta parte de ellas sea demente.

En 1992, el coste para el tratamiento de la enfermedad de Alzheimer en Estados Unidos ascendió a 100.000 millones de dólares, una cifra astronómica.

EL ALZHEIMER COMO UN PROBLEMA GLOBAL

Probablemente, en el año 2020 habrá en el planeta unos 1.000 millones de personas mayores de 60 años y parece claro que, a medida que la población envejezca, la incidencia de la enfermedad de Alzheimer (y de otras demencias) aumentará proporcionalmente. Cada una de las personas con Alzheimer sobrevivirá una media de nueve años y la mayoría precisarán durante la evolución de la enfermedad unos cuidados continuados, bien en su hogar bien en el hospital. Todos ellos sufrirán un progresivo deterioro de su función mental, hasta el punto de que no serán capaces de cuidar de sí mismos y dependerán por completo de los demás para su atención, higiene personal, alimentación y asistencia médica. Ello supondrá una tremenda carga para los sistemas de asistencia sanitaria de nuestros países, así como una responsabilidad abrumadora, tanto desde un punto de vista práctico como emocional, para los ciudadanos y los familiares.

Capítulo 2

Un primer plano del cerebro

La enfermedad de Alzheimer es una afección del cerebro. El trastorno se circunscribe únicamente a este órgano. Todas las señales y síntomas del Alzheimer (desde las primeras dificultades con la memoria hasta los últimos estadios de la enfermedad que preceden a la muerte) son consecuencia del daño que sufren las células en el cerebro. La enfermedad afecta al funcionamiento de estas células a nivel microscópico, causando el deterioro de la capacidad mental y del comportamiento cotidiano.

Para comprender qué áreas del cerebro quedan afectadas por este trastorno y cómo las células cerebrales dañadas en estas áreas producen síntomas, analizaremos brevemente la anatomía y el funcionamiento de un cerebro normal y, a continuación, se verá lo que sucede en un cerebro afectado de Alzheimer.

EL CÓRTEX

Si se observa el interior del cráneo para examinar el cerebro humano, la primera estructura anatómica que se encuentra es una membrana brillante y clara denominada «duramadre», que es la capa externa de las *meninges*. Éstas son membranas que sostienen muchos de los principales vasos sanguíneos cerebrales y que envuelven el cerebro como si se tratara de un resistente envoltorio de plástico. Debajo de esta cubierta protectora se encuentra el cerebro. La parte exterior arrugada, el *córtex*, contiene millones de neuronas. Estas activas células del cerebro (a las que nos referimos como «células cerebrales») tienen un color ligeramente gris. Las protuberancias que tienen las neuronas (y que sirven para transmitir los impulsos que parten del núcleo de estas células) tienen una tonalidad blanquecina. De esta forma, al hablar de «materia gris» nos referimos a los núcleos de las células cerebrales, en tanto que al referirnos a «materia blanca» aludimos a los elementos que transmiten los impulsos desde los núcleos de las células.

Es el córtex lo que nos convierte en seres humanos, puesto que en esta delgada capa exterior del cerebro se encuentra situada la capacidad para planear, calcular, imaginar y crear. Pero hay algo más. Sabemos que cuando el córtex cerebral funciona correctamente crea una personalidad, alguien con sentimientos propios, creencias, reacciones y pensamientos, y esto es algo que trasciende el plano puramente físico. Un córtex en funcionamiento produce unas emociones, aspiraciones y experiencias individuales que definen el carácter y la personalidad.

Lamentablemente, el córtex, esta fina capa de células cerebrales de 1,25 cm de grosor que se encuentra en la parte externa del cerebro, es la zona más afectada por la enfermedad de Alzheimer.

Áreas cerebrales

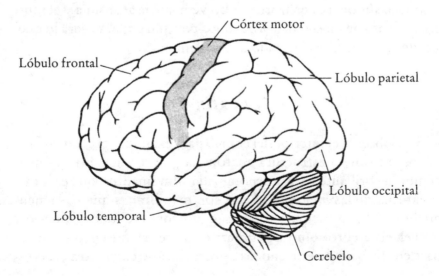

LAS ZONAS DEL CÓRTEX

El córtex está dividido en cuatro áreas principales, o lóbulos, cada una de las cuales es responsable de una función determinada. La mayor de estas partes es el *lóbulo frontal*, el cual ocupa una tercera parte del cerebro y se sitúa justo encima de la cara. El lóbulo frontal es el encargado de la comprensión, la planificación y la organización. También determina la personalidad y la iniciativa. Existen dos *lóbulos temporales*, uno en cada sien. Se trata de unas partes muy importantes en relación con la enfermedad de Alzheimer, porque es donde reside la función de la memoria. Otras funciones que desempeñan los lóbulos temporales son el procesamiento y la interpretación de los sonidos, así como la formación y la comprensión del habla. Los *lóbulos parietales* (*parietal* significa «pared» o «lado») están localizados en la coronilla de la cabeza, en su parte superior y trasera. Estas zonas del córtex constituyen el área de entrada de los sentidos de la visión, el tacto y el oído. Los lóbulos parietales son también los responsables del reconocimiento y el empleo de los números. El *lóbulo occipital* está en la parte posterior del cráneo, sobre el cuello, y a él le corresponde procesar la visión.

En el centro del cerebro, justo encima de donde comienza la médula espinal, existe otro amplio conjunto de neuronas. Ellas son las responsables de las funciones más básicas y regulan el hambre y la sed, el apetito sexual, la temperatura corporal y el grado de

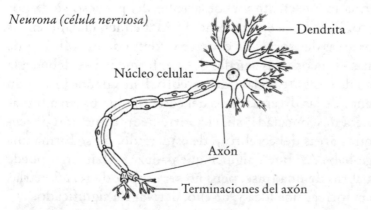

Neurona (célula nerviosa)

Dendrita

Núcleo celular

Axón

Terminaciones del axón

alerta. Esta área se denomina *cerebro medio*. Sujeto a su parte trasera, o posterior, se encuentra el *cerebelo*, que tiene una apariencia arrugada y protuberante. Este órgano es el responsable del complicado proceso del movimiento. Sólo en la fase final de la enfermedad de Alzheimer queda afectado.

VÍAS Y ÁREAS DE ASOCIACIÓN

Cada una de las áreas especializadas del córtex está conectada a todas las demás a través de vías de asociación específicas, las cuales transmiten la información rápidamente de una área a otra, para integrar así los datos que provienen de múltiples lugares. La interconexión se da en todo el cerebro; un área del cerebro siempre sabe lo que las otras áreas están haciendo (o están «pensando»). Las vías de asociación han de funcionar correctamente para que las diversas partes del cerebro puedan actuar de forma conjunta. Además de las vías de asociación, existen áreas específicas del cerebro que tienen la función de sintetizar y coordinar la información proveniente de otras áreas. Se denominan *áreas de asociación*, puesto que asocian o coordinan los datos provenientes de diferentes partes y forman una imagen congruente. Por ejemplo, mientras usted está leyendo este libro, los lóbulos temporales y occipitales «asocian» las distintas letras de esta página para formar palabras con sentido, y su lóbulo frontal le estará proporcionando una nueva comprensión del funcionamiento del cerebro (o eso esperamos). Todo esto sucede de una forma inconsciente y el desarrollo del proceso se da por presupuesto. Pero en la enfermedad de Alzheimer, el daño en las vías y en las áreas de asociación es grave y contundente. Muchos de los síntomas clínicos y las señales de la enfermedad se deben a la destrucción de estas áreas clave del cerebro. Estos daños provocan el aislamiento de las diversas áreas del cerebro, que pasan a trabajar de manera desconectada, sin el aporte de información procedente de otras áreas del cerebro y, de este modo, no se forma una «imagen global». Así pues, alguien que padezca Alzheimer puede leer las palabras de una frase, pero no será capaz de relacionarlas entre sí para formar una idea y, de ello, derivar un significado.

CÉLULAS CEREBRALES

Aunque el cerebro humano es una obra biológica increíble, su anatomía microscópica es realmente sencilla y se comprende con facilidad. Bajo el aumento del microscopio se puede apreciar que el tejido cerebral está formado únicamente por dos tipos de células especializadas: neuronas y *neuroglia*.

La palabra «neurona» proviene del griego y significa «nervio». Las neuronas son las responsables de todos los procesos mentales que tienen lugar en el cerebro. Cuando se padece la enfermedad de Alzheimer mueren una gran cantidad de estas células cerebrales «pensantes».

Las otras células que hay en el cerebro se denominan *neuroglia* (del griego, *neuro* de «nervio» y *glia*, que significa «pegamento») y forman el tejido de soporte para las neuronas. Estas últimas también proporcionan los nutrientes esenciales a las células nerviosas y las ayudan a transmitir los impulsos y a reparar el daño que puedan sufrir. Así pues, son esenciales para un funcionamiento correcto de las neuronas (y del cerebro). Cuando se padece la enfermedad de Alzheimer estas células se inflaman.

Todas las neuronas tienen una pared celular y un núcleo, al igual que otras muchas células del organismo. Cada neurona tiene también numerosas proyecciones diminutas «digitiformes» (en forma de dedo) que parten del núcleo de la célula y que se denominan *dendritas* (del griego, «árbol»). Estas dendritas se ramifican desde la parte principal de la célula, al igual que lo hacen las ramas de un árbol desde el tronco.

Dado que las dendritas son fundamentales para el funcionamiento correcto de las células cerebrales, cada neurona tiene gran cantidad de ellas (en cualquier caso, desde unos centenares hasta más de 200.000). Cada una de los cientos o miles de dendritas de cada neurona está en contacto con otras dendritas de las neuronas que están en el entorno próximo. ¡Algunas llegan a estar conectadas con más de 15.000! Imagine un bosque de árboles totalmente repleto de ramas, hacia arriba, hacia abajo, hacia los lados, con todas esas ramas y las hojas entrelazándose. Ésta es la imagen que se tiene del cerebro cuando se observa a través del microscopio. Esa inmensa masa de dendritas entrecruzándose permite que una simple neurona pueda comunicarse con muchísimas otras, lo cual constituye una importante labor que desempeña el tejido cerebral, y es lo que permite la coordinación de la función cerebral.

Las dendritas traen la información a la neurona. En cambio los *axones* se encargan de enviar esa información. Así como las neuronas tienen múltiples dendritas, contrasta observar cómo sólo tienen un axón. Sin embargo, en su extremo, el axón se ramifica en innumerables y diminutas prolongaciones digitiformes para entrar en contacto con otras células. Un importante componente del axón es el sistema de cilindros huecos denominados *microtúbulos*, que tienen la función de transmitir de forma rápida los impulsos eléctricos y químicos a lo largo de todo el axón. En la enfermedad de Alzheimer, los axones resultan gravemente dañados y quedan retorcidos por las marañas neurofibrilares que se extienden por todo el cerebro.

CONEXIÓN ENTRE LAS NEURONAS: LA SINAPSIS

Las neuronas no están exactamente en contacto la una con la otra. Están separadas entre sí por un espacio muy pequeño: la *sinapsis*. Este espacio no está vacío, sino lleno de un rico y complejo sustrato de sustancias químicas cerebrales. Los mensajes se transmiten de una neurona a la otra a través de este pequeño espacio. Es importante entender este proceso, puesto que muchos de los fármacos que se emplean para tratar la enfermedad de Alzheimer tienen sus efectos en las sustancias químicas de la sinapsis. Cuando una neurona envía un mensaje (que en realidad es una combinación de información eléctrica y química) a otra neurona, ese mensaje recorre el cuerpo de la célula, pasando a través del axón hasta llegar a las finas proyecciones digitiformes que se encuentran en su extremo. Allí provoca cambios específicos en el sustrato químico que hay entre las neuronas. Las sustancias químicas cerebrales, denominadas *neurotransmisores* (literalmente, agentes transmisores de las células cerebrales), atraviesan el espacio que hay entre el axón y la dendrita. Concretamente, las sustancias son liberadas por el

Sinapsis

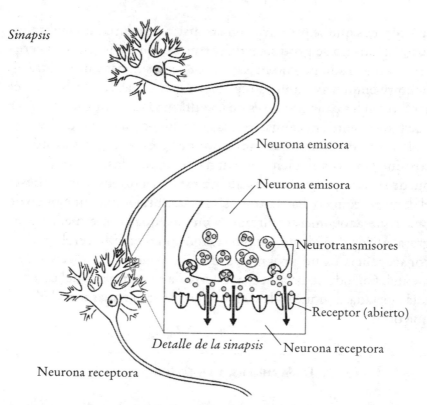

Neurona emisora

Neurona emisora

Neurotransmisores

Receptor (abierto)

Detalle de la sinapsis

Neurona receptora

Neurona receptora

axón y captadas por la dendrita. Los mensajes o la información se transmiten en este recorrido.

En la enfermedad de Alzheimer los neurotransmisores se reducen notablemente, en especial un neurotransmisor denominado *acetilcolina*. Esto significa que los mensajes no pueden atravesar el espacio existente entre las neuronas o, si lo hacen, es de forma lenta o incompleta. El maravilloso sistema de comunicaciones entre las células cerebrales, la sinapsis, queda espectacularmente alterado por la enfermedad.

¿QUÉ PROBLEMAS SE DAN EN EL CEREBRO CUANDO SE PADECE ALZHEIMER?

Las personas que sufren la enfermedad de Alzheimer muestran signos progresivos de trastornos mentales debido a los daños microscópicos que se producen en las distintas neuronas cerebrales. Estos daños no se producen de forma uniforme en todo el cerebro, sino que son mucho más graves en unas zonas que en otras y siempre empiezan en unas regiones específicas. Si se examina el cerebro en las primeras fases de la enfermedad, se puede observar que únicamente en algunas zonas se produce un efecto de «apolillado». Las funciones que corresponden a estos lugares anatómicos quedan notablemente afectadas o reducidas. Sin embargo, puede suceder que, justo al lado de esta área donde se manifiesta el daño anatómico, haya otras células cerebrales que funcionen de una manera totalmente normal. A medida que la enfermedad progresa, queda dañada una mayor extensión de tejido cerebral, y la consecuencia es un progresivo declive general en la capacidad mental. Cuando se produce la muerte, la mayor parte del cerebro está afectada, aunque todavía entonces existen zonas más dañadas que otras.

EL ALZHEIMER Y LA EDUCACIÓN

La educación constituye un factor de protección frente al Alzheimer. Las personas que han recibido una mayor educación parecen ser más resistentes a la enfermedad. Este hallazgo podría tener diversas explicaciones. Quienes han recibido mucha formación intelectual es posible que pertenezcan a estratos socioeconómicos más elevados y que el estilo de vida que llevan les sirva de protección. Por ejemplo, las personas que han recibido menos educación puede que realicen más trabajos físicos, con una mayor exposición a las lesiones en la cabeza y a las toxinas ambientales, y es posible también que sus dietas sean más pobres y que reciban menos asistencia sanitaria. La actividad cerebral continuada puede de alguna forma proteger al cerebro del deterioro. También puede ocurrir que sencillamente algunas personas tengan cerebros más complejos que otras y que, por lo tanto, tengan más reservas y toleren mejor los daños causados. Otra posible explicación es que las personas con Alzheimer tuvieran peor memoria ya en la infancia y que no recibieran más educación debido a que este problema afectaba a su capacidad de aprendizaje.

En la enfermedad de Alzheimer se producen muchos cambios microscópicos, pero los más importantes son los que se manifestaron en el cerebro de Auguste D.: pérdida de neuronas, formación de placas seniles (también llamadas *neuríticas*) y acumulación de marañas neurofibrilares, así como la destrucción de las sinapsis y la pérdida de los neurotrasmisores. Estos cambios microscópicos provocan los signos y los síntomas de la enfermedad.

¿EL ALZHEIMER ES UN ENVEJECIMIENTO ACELERADO DEL CEREBRO?

Ninguno de los cambios anatomopatológicos microscópicos en el cerebro (la pérdida de neuronas, las placas seniles, las marañas neurofibrilares) es específico de la enfermedad de Alzheimer o diagnóstico por sí mismo de ella. El proceso de envejecimiento normal produce un cierto adelgazamiento del córtex (debido a la pérdida de neuronas) y a menudo también unas placas dispersas. Las marañas neurofibrilares ocurren incluso en el cerebro senil de individuos perfectamente normales. La diferencia es que en la enfermedad de Alzheimer estos cambios ocurren en una proporción mucho mayor. Debido a que estos cambios se observan en el envejecimiento normal (aunque con una intensidad mucho menor), puede ser que todos nosotros tengamos operando en nuestros cerebros algunos de los procesos que ocasionan estos cambios celulares (esto es, que todos nosotros tenemos en algún grado, aunque sea mínimo, las lesiones de la enfermedad de Alzheimer a medida que envejecemos). Por el contrario, algunos han argumentado que, puesto que en el envejecimiento normal se aprecia un cierto grado de placas seniles y marañas neurofibrilares, el Alzheimer puede ser visto como una aceleración del envejecimiento del cerebro.

Capítulo 3

La determinación de las pautas: signos y síntomas habituales

Para la mayoría de las familias, la perturbadora progresión de cambios mentales y físicos que la enfermedad de Alzheimer causa en sus seres queridos provoca un enorme sentimiento de pérdida. Día a día, la persona que ellos conocieron y amaron cambia, a menudo de forma estrambótica, hasta que llega un momento en el que sólo quedan unos débiles vestigios de la antigua persona. El marido o el padre, la esposa o la hija, han sido sustituidos por un extraño desconcertante.

Por si perder a un ser querido no fuera lo bastante difícil, en la enfermedad de Alzheimer no sólo se produce esta pérdida de la persona amada, sino que esa persona, en cierta medida, es sustituida por otra: la enfermedad parece apoderarse de la mente y, por lo tanto, de la personalidad y el carácter, lo cual conduce a una interminable serie de confrontaciones, disputas, fracasos y a todo un conjunto de síntomas de declive mental aparentemente caprichosos y muchas veces grotescos. Pese a lo implacable que es la destrucción, este deterioro es totalmente imprevisible para la familia y hace que ésta se sienta abrumada no sólo por la enfermedad, sino también por la destrucción aparentemente aleatoria e indiscriminada de la persona.

Sin embargo, estudios efectuados con miles de enfermos han mostrado cuáles son las pautas de comportamiento y qué tipo de declive mental suele ser habitual, además de indicar cuáles de esas alteraciones se manifiestan con mayor frecuencia. Sabemos que los cambios son consecuencia directa del daño que sufren individualmente las células cerebrales debido al proceso patológico de la enfermedad de Alzheimer. Sabemos también que, al menos inicialmente, no todas las células del cerebro sufren los mismos daños. Algunas parecen ser mucho más susceptibles y su destrucción se produce mucho antes en el curso de la enfermedad. Con la ayuda de estos estudios se pueden predecir mucho mejor los síntomas y los cambios que se producen en el comportamiento, e incluso pueden llegar a entenderse.

LA DIGNIDAD Y LA ENFERMEDAD DE ALZHEIMER

El concepto de dignidad es muy importante para comprender la enfermedad de Alzheimer y, en especial, para continuar respetando a la persona que sufre este trastorno. Al igual que un conjunto de neuronas que funcionan correctamente, al que aludimos como cerebro normal, crean una mente y dan lugar a una personalidad, también los daños a estas células son causa de cambios en la mente y en la personalidad. La confusión, la pérdida de memoria, la inquietud, el arremeter incluso contra las personas queridas y el desconocimiento sobrevenido del cónyuge y de los hijos son consecuencia directa del daño sufrido a células específicas dentro del cerebro, de la misma forma en que el dolor que provoca un infarto es consecuencia del daño que sufre el músculo del corazón. Dado que el cerebro cumple unas funciones más complejas que el corazón, su disfunción tiene consecuencias más grotescas. Sin culpa por su parte, la mente y la personalidad de los enfermos de Alzheimer cambian debido a los daños microscópicos que sufre el cerebro y que se van acumulando al transcurrir el tiempo. A medida que la enfermedad progresa y un mayor número de células cerebrales quedan afectadas, el ánimo, las actitudes, la memoria y otras facetas de la personalidad se van deteriorando de forma inexorable. Al final la persona que conocíamos se desvanece. Reconociendo que esto es consecuencia directa del daño físico ocasionado, podremos respetar a las personas que sufren Alzheimer, preservar su dignidad y valorarlas por lo que fueron antes de que la enfermedad las atacara.

Casi todos los casos de la enfermedad de Alzheimer empiezan de forma similar, progresan a través del mismo declive gradual y finalizan con una fase terminal muy parecida. Naturalmente, cada individuo es diferente y no existen dos casos exactamente iguales, pero la mayoría de las personas que padecen la enfermedad tienen los mismos problemas. Unos conocimientos básicos del curso normal del Alzheimer permiten un cierto grado de tranquilidad tanto para el paciente como para la familia, puesto que los cambios son menos inesperados y confusos. En este capítulo se analizan los signos y los síntomas habituales del Alzheimer. (Los signos son efectos que el médico puede observar, como problemas en el habla; los síntomas son efectos que ha de detectar el paciente, como un dolor de cabeza.)

CAMBIOS EN LA MEMORIA

Normalmente el primer problema que se identifica es una alteración del complicado fenómeno que denominamos «memoria».

Cuando hacía aproximadamente un año que se habían jubilado, John y su esposa, Sally, disfrutaban de su vida. John había trabajado como maquinista en una planta de plásticos y, debido a sus dotes organizativas y de relación, durante los últimos años en la empresa lo habían ascendido al departamento de personal. Siempre había tenido una buena memoria y le enorgullecía conocer a todo el mundo en la planta. Era muy aficionado a la pesca y le encantaba el aire libre; dedicaba las tardes de invierno a pescar truchas con mosca, o a planear expediciones. En verano le gustaban las salidas a pescar llenas de aventuras, las acampadas y otras actividades exteriores.

Pero al poco tiempo se dio cuenta de que algo no iba bien. No podía confiar en su capacidad mental como lo había hecho tiempo atrás, especialmente en su memoria. El problema no era que no pudiera recordar nada, pues todavía podía recitar sin titubeo los nombres de los miembros de su equipo de fútbol del colegio, o la fórmula para calibrar la máquina para extrudir que había utilizado durante ocho años en la planta. Era algo más que no poder *confiar* en su memoria. Aunque pusiera todo su empeño, no podía recordar las cosas más simples, como la fecha del cumpleaños de su nieta, o el día en que comenzaba la temporada de pesca. El año anterior había cambiado la matrícula de su coche y era incapaz de acordarse de los números cuando tenía que repostar combustible en una gasolinera. Tenía que llevar anotada la matrícula en un pedazo de papel y tenerlo disponible en la guantera. Su hijo y su nuera se habían mudado recientemente y a John le encantaba llamarlos por teléfono para charlar con ellos y con su nieta de 4 años, pero le era del todo imposible recordar el nuevo número de teléfono, siempre le venía a la memoria el antiguo. Finalmente, empezó a convencerse de que su cabeza le estaba fallando, no simplemente jugándole una mala pasada, sino que la cuestión era que no funcionaba correctamente.

Cierto día John se dirigió a una tienda próxima a su casa a comprar diversas cosas, pero cuando entró en el comercio olvidó por completo el motivo por el cual estaba allí. Avergonzado, compró un paquete de chicles y un periódico y, a continuación, impactado por el incidente, permaneció un rato sentado en el coche, intentando encontrar una respuesta a lo que había sucedido. Sally constantemente le decía que se repetía a sí mismo, explicando siempre las mismas historias, formulando las mismas preguntas, una y otra vez; en diversas ocasiones, al encontrarse con amigos, mientras estaban paseando, tenía que preguntarles el nombre, y ello pese a haberse criado juntos. Lógicamente, su inseguridad aumentaba, de modo que evitaba la mayoría de encuentros sociales. No quería sufrir una humillación. Estaba dejando que su mujer lo ayudara cada vez más. Siempre había repasado mensualmente las cuentas bancarias, pero ahora parecía haber perdido el interés y era su esposa la que debía hacerlo. Una noche, mientras estaban mirando la televisión, le preguntó con indiferencia a Sally qué había de cenar; el problema era que hacía poco menos de una hora que lo habían hecho.

El peor episodio tuvo lugar durante la Navidad. John estaba muy unido a Sally, y le compró un hermoso y caro relicario de plata y una gargantilla como muestra del amor que le profesaba. En la mañana de Navidad, John estaba muy emocionado ante la perspectiva de hacerle el regalo a su mujer y se apresuró con los demás regalos para poder efectuar el suyo. Lamentablemente, no pudo encontrarlo. Varios días antes lo había escondido y ahora no podía recordar dónde estaba. Se sintió avergonzado y apenado y, a continuación, se apoderó de él una sensación de pánico. Era una situación horrorosa, los dos buscando por toda la casa, esperando encontrar el símbolo de su amor, y él se sentía cada vez más y más desesperado, y ella más y más vacía. Dos días después de Navidad, John encontró el relicario casi por accidente, pero entonces todo el anhelo por entregar el presente había desaparecido y había sido sustituido por una profunda tristeza.

SIGNOS Y SÍNTOMAS HABITUALES DE LA ENFERMEDAD DE ALZHEIMER

- Pérdida de la memoria, especialmente de los recuerdos recientes.
- Incapacidad para aprender, para procesar nueva información.
- Dificultades de lenguaje.
- Falta de criterio y disminución en la capacidad de razonamiento, lo cual conduce al abandono personal y a la falta de atención.
- Desorientación espacial: facilidad para extraviarse, tendencia a evitar los desplazamientos.
- Cambios en la conducta: trastornos del sueño, alucinaciones y delirios, alteraciones en los niveles de actividad, agresividad y modificaciones del estado de ánimo.

¿QUÉ IMPORTANCIA TIENE PARA NOSOTROS LA MEMORIA?

Nuestro sentido de la identidad (quiénes somos) depende en gran medida de nuestra capacidad para recordar. A todos nosotros nos define un específico conjunto de experiencias personales y singulares, de relaciones y de logros. Este bagaje es el que nos caracteriza, el que determina nuestra manera de ser y ello depende por completo de nuestra capacidad para recordar de forma voluntaria el pasado. Las ocupaciones, las aficiones, los intereses, el aprendizaje y las relaciones con los demás (incluso con aquellas personas a las que amamos) se forjan con la acumulación de las vivencias pasadas. La incapacidad para recordar es una amenaza para nuestra entidad como seres racionales.

Imagine lo que sería el mundo si no pudiéramos confiar en nuestra memoria, si no se pudieran recordar los detalles de la vida. Lo alterado que usted se sentiría si no fuera capaz de recordar los nombres de las personas más próximas y queridas, o de los pormenores de su trabajo o incluso de cosas tan simples como qué fue lo que tomó para desayunar. Estaría permanentemente atrapado en el presente, sin ningún tipo de recuerdo que le permitiera entender las situaciones o que pudiera reconfortarle. La experiencia no tendría ningún valor para usted; cada instante constituiría un nuevo comienzo; cada lugar al que dirigiera la mirada un nuevo lugar que explorar; cada encuentro con una persona una nueva presentación. A todos nos angustian los cambios (es un rasgo humano normal) y nos sentimos más seguros en ambientes y en circunstancias respecto a los que ya tenemos experiencia, es decir, que ya sabemos que son seguros. Imagine el permanente estado de agitación o estrés que le causaría haber perdido la memoria. Estaría constantemente perdido, incapaz de orientarse tras haber transcurrido un breve momento, o de familiarizarse con nuevos ámbitos o situaciones. Así por ejemplo, cuando usted deseara acudir al lavabo, sería incapaz de recordar dónde estaba; una y otra vez estaría «conociendo» a las mismas personas; no estaría seguro de lo que había desayunado (ni tan siquiera si ya había comido), o qué es lo que había hecho el día anterior. Miles de retazos de conocimiento se le escaparían (dónde había puesto sus zapatillas de estar por casa, qué día tenía que venir su hija a visitarle, si había apagado el fuego después de terminar de hacer el café…). Huérfano de la estabilidad y la tranquilidad que la memoria proporciona, se encontraría en un estado de constante temor.

La mayoría de los estudios sobre la enfermedad de Alzheimer indica que los olvidos o la pérdida de memoria son el primer signo de que existe un verdadero problema. La pérdida de memoria es la causa más frecuente por la que la gente acude en busca de asistencia médica. Además, un factor esencial en el diagnóstico es una pérdida significativa de la capacidad de recordar; y ello hasta el extremo de que sin su presencia no puede diagnosticarse la enfermedad. Sencillamente, no puede padecerse la enfermedad de Alzheimer y al mismo tiempo tener una memoria normal.

Para entender cómo la enfermedad de Alzheimer daña la memoria es necesario conocer primero el complicado proceso de la memoria normal.

LA NATURALEZA DE LAS MEMORIAS

La palabra «memoria» alude específicamente a la capacidad para retener o recordar pensamientos, imágenes, ideas, experiencias y cualquier cosa que se haya aprendido previamente. Aunque todos los animales, aun los más simples, tienen «memoria» (incluso a una ameba se le puede enseñar a evitar un estímulo nocivo), la capacidad para almacenar información y, posteriormente, recuperarla es uno de los logros más importantes de la inteligencia humana. La capacidad para recordar es la responsable de muchos de nuestros éxitos como especie, ya que la memoria nos permite aprender como comunidad, beneficiarnos de la información previamente adquirida, incluso cuando no la hayamos adquirido nosotros mismos. La memoria y el aprendizaje están estrechamente interrelacionados y, aunque su manifestación se dé por descontada, estas dos capacidades humanas son las responsables de todo nuestro pensamiento, cálculo y planificación, así como de la mayor parte del razonamiento cotidiano.

A lo largo de nuestras vidas constantemente nos bombardean con información. La memoria es el método de que disponemos para procesar la información tal como ésta se nos plantea, distinguiendo lo que es útil de lo que no lo es y almacenando aquello que la mente selecciona como significativo para su futuro uso. Sin un adecuado funcionamiento de la memoria nos perderíamos como niños, incapaces de procesar de forma coherente cualquier tipo de nueva información.

El fenómeno de la memoria humana puede dividirse en tres estadios, o tipos de memoria, interrelacionados entre sí: inmediato, a corto plazo y a largo plazo. Aunque los efectos de la enfermedad de Alzheimer sobre la memoria son notables, no todos los aspectos de la memoria son dañados por un igual. Unos conocimientos básicos de cómo esta enfermedad afecta a cada uno de estos tipos de memoria ayudan a entender muchos de los cambios que se producen desde la fase inicial del Alzheimer.

Memoria inmediata

El término «memoria inmediata» se refiere a la información que se nos acaba de transmitir. Por ejemplo, las palabras que ahora usted está leyendo en este párrafo pasan a ser memoria inmediata, como lo pasa a ser la conciencia sobre la temperatura de la habitación en que se encuentra en este momento, la intensidad de la luz con que está leyendo, así como otros muchos aspectos. Si se le proporcionara una lista de palabras sin relación entre sí, y a continuación se le pidiera que repitiera esas palabras, ello constituiría un test de memoria inmediata. Otro término que emplean los psicólogos para referirse a esta capacidad es el de «memoria de trabajo», con lo que se quiere significar que este tipo de memoria permite manipular de forma rápida información en la mente sin tener que retenerla de manera necesaria. La realización de operaciones aritméticas simples es un buen ejemplo de este tipo de memoria en acción. Únicamente el número final, la respuesta, es lo importante de forma que los diversos números utilizados en el proceso de cálculo son recogidos por la memoria inmediata o de trabajo, pero se olvidan enseguida. Este tipo de memoria recoge la información que no es necesario recordar durante largo tiempo. Es como una pizarra en una clase: se escribe sobre ella la información, pero las anotaciones pronto se borran, excepto cuando la mente decide que hay algo que vale la pena conservar y decide procesarlo a fin de que pase al siguiente estadio: la memoria a corto plazo.

La memoria inmediata se conserva bien hasta las últimas fases de la enfermedad de Alzheimer.

La memoria a corto plazo

Si su mente decide que algo vale la pena de recordar, esa información pasa a otro lugar anatómico del cerebro, donde se almacena y queda disponible para una rápida recuperación. Esto es la «memoria a corto plazo». Sin embargo, la memoria a corto plazo tiene una capacidad muy limitada: en ella no puede almacenarse mucha información. En la memoria a corto plazo la información no se «aprende» por completo; es decir, no se puede recuperar por tiempo indefinido. Este tipo de memoria es un banco de almacenamiento temporal, un contenedor limitado de información, a la que se puede acceder durante un corto espacio de tiempo. Por ejemplo, si le dan un número de teléfono para que llame transcurrido un breve período y usted es consciente de que es importante recordarlo. La memorización inmediata del número (sencillamente repitiéndolo varias veces) no le garantiza que vaya a ser capaz de recordarlo transcurridas dos o tres horas, cuando lo vaya a necesitar. Por lo tanto, debe transferir la información de la memoria inmediata a la memoria a corto plazo, a través de un proceso denominado «codificación». Para conseguir este objetivo debe reforzarse la memoria. Con los números de teléfono esto se logra repitiendo el número una y otra vez, hasta que la mente forma una secuencia que permite recordar el número cuando se desee.

Debido a que el sistema de memoria a corto plazo tiene una capacidad limitada es difícil confiar a la memoria, al mismo tiempo, más de unos cuantos retazos de información (por ejemplo, más de un número telefónico). El adulto medio puede recordar fácilmente siete u ocho números no relacionados, pero la mayoría de los adultos no pueden recordar una serie de más de diez u once. Cuando la capacidad de la memoria a corto plazo está llena, la persona es consciente de que no puede recordar nada más.

La información almacenada en la memoria a corto plazo se desvanece con el transcurso del tiempo, a menos que se repita de forma continuada, o se juzgue que es lo suficientemente significativa como para transferirla al último estadio de la memoria, la memoria a largo plazo.

La memoria a corto plazo es un elemento fundamental en el procesamiento de la información recién adquirida (identificando lo que es suficientemente importante para recordar, y lo que no). Un funcionamiento correcto del sistema de la memoria a corto plazo permite transferir la información importante de la memoria inmediata a la memoria a largo plazo. Es imposible aprender sin esta capacidad. Tareas tan sencillas como orientarse en una nueva estancia o edificio, recordar una pequeña lista de la compra, retener la puntuación en una partida de bridge o acordarse de los recados son imposibles cuando la memoria a corto plazo falla.

Normalmente, cuando se padece Alzheimer la memoria a corto plazo queda gravemente dañada en una fase temprana de la enfermedad. De hecho, la mayoría de las dificultades para recordar cosas, que a menudo constituyen el primer signo de la enfermedad de Alzheimer, se producen en este crítico estadio del proceso de la memoria.

La memoria a largo plazo

Es lo que consideramos verdadera memoria: la información puede ser recordada voluntariamente durante un largo período de tiempo, a menudo durante toda la vida; como por ejemplo, los nombres de los primos o de los compañeros de trabajo, una receta casera de cocina, la fecha del cumpleaños y muchos fragmentos de información importantes para el trabajo que se desempeña. Este tipo de información se consolida como una unidad global, disponible para ser recordada y analizada de forma exhaustiva prácticamente en cualquier ocasión. Se trata también de la parte de la memoria que proporciona un sentido crítico. A medida que se envejece, la cantidad de información que se almacena, lo que «sabemos», aumenta enormemente y nuestra siempre creciente acumulación de experiencias, encuentros y conocimientos nos proporciona una perspectiva de la que se carece cuando se es más joven.

Dado que la memoria a largo plazo se almacena en un lugar del cerebro anatómicamente distinto al de la memoria a corto plazo, a menudo se constata que en el Alzheimer aquélla está sorprendentemente conservada hasta las últimas fases de esta enfermedad.

LA «SECRETARIA DE INFORMACIÓN»

Frecuentemente, la información pasa a través de los tres estadios de la memoria sin que seamos conscientes de ello; el proceso pasa inadvertido. Sin embargo, es posible entender mejor el meca-

«Formar» un recuerdo

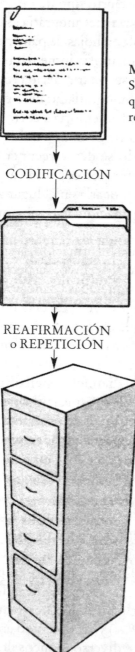

Memoria inmediata o de trabajo
Se recibe la información y se anota,
quedando disponible sólo para
recordarla de forma inmediata

CODIFICACIÓN

Memoria a corto plazo
La información se almacena y está
disponible para ser utilizada durante
unos minutos o unas horas

REAFIRMACIÓN
o REPETICIÓN

Memoria a largo plazo
La información se almacena
en un archivo de forma casi indefinida

nismo de la memoria si se compara con el archivo de documentos en una oficina. Para empezar, se juzga que cierto tipo de información es importante, de modo que la secretaria mecanografía esa información, en palabras sueltas, plasmándola en hojas de papel. Este proceso equivaldría a la formación de la memoria inmediata o de trabajo. A continuación, es posible que la secretaria decida reunir varias de las hojas con la información mecanografiada. Esto guardaría un paralelismo con la elaboración de la memoria a corto plazo; los fragmentos de información se codifican en una unidad limitada que queda disponible para cuando se desee recuperarla.

Seguidamente, la secretaria puede optar por coger la carpeta etiquetada (la memoria a corto plazo) y colocarla en el lugar adecuado del archivo. Esto equivaldría a la formación de la memoria a largo plazo.

Con posterioridad, cuando se necesita la información, la secretaria inicia un proceso de búsqueda. Abre el archivo, inspecciona un cajón y observa las diversas carpetas etiquetadas (o memorias), hasta que encuentra la correcta. Entonces extrae la carpeta del archivo, la traslada hasta el escritorio y allí la abre, para examinar y utilizar la información. Sería el equivalente a recurrir a la memoria para recordar algo.

Las personas con la enfermedad de Alzheimer tienen dificultades con todas las fases de este proceso, pero especialmente con la creación de nuevos recuerdos (aprendizaje). Continuando con la analogía de la secretaria, tienen dificultades para crear nuevas carpetas y para codificarlas de una forma adecuada. La capacidad para examinar las carpetas ya existentes, una vez recogidas y desplegadas sobre el pupitre, suele conservarse bien.

Naturalmente, el funcionamiento de nuestra memoria es mucho más complejo que el de cualquier archivo. Podemos adaptar o reorganizar rápidamente muchos archivos (escogiendo los sucesos ocurridos en verano de 1954, o los animales cuyo nombre empiece por la letra *B*). Los ordenadores son muy eficientes clasificando información en distintas categorías de este tipo (es un proceso que se conoce con el nombre de *consultas cruzadas*) y recopilando en una nueva unidad información proveniente de diversos bancos de memoria. Las personas con la enfermedad de Alzheimer pierden esta capacidad para manipular o volver a clasificar la información de la memoria. En cambio, tienen menos dificultades para examinar una unidad simple de memoria reforzada, almacenada en el sistema a largo plazo.

LA NEUROLOGÍA DE LA MEMORIA

Nadie sabe con exactitud cómo se forman las memorias a nivel microscópico, en el interior del cerebro, pero se cree que se establece una conexión entre las neuronas, creando una vía, o flujo de información, entre las células cerebrales. Imagine una neurona conectada con otra, y ésta a su vez con una tercera, y así sucesivamente, como un cable de luces de Navidad. Cuando todas las células se conectan se forma la memoria. La información queda codificada, o constituida como unidad. Es como si se enchufara un cable de luces navideñas y quedara «iluminado».

En la memoria inmediata o de trabajo, la mayoría de las vías o conexiones entre las neuronas no son permanentes y la información que contiene se desvanece rápidamente. Se puede repetir una lista de números que no guardan relación entre sí inmediatamente después de memorizarla, pero se olvidará al cabo de dos o tres horas, salvo que se transfieran esos números a un estadio diferente de la memoria. Si la información es trivial se permite que la memoria se deshaga de ella (realmente se opta por olvidar esos números). Sin embargo, cuando se considera que alguna información es importante, hay que conservarla reforzando las vías de transmisión (las conexiones) entre las células del cerebro. Esto se lleva a cabo incorporando las conexiones a la memoria a corto plazo y, finalmente, a la memoria a largo plazo. A nivel microscópico estas vías o conexiones entre las células no desaparecen fácilmente.

Una conexión de la memoria que con frecuencia es recordada o reforzada se establece en el cerebro de forma mucho más firme que otra en la que no concurra esta circunstancia. El empleo repetido de la información en la vida diaria reafirma la estructura en el cerebro. Es como si la estructura de conexiones entre las neuronas se hiciera más fuerte con el uso continuado; progresivamente la conexión queda «grabada» de forma más profunda en el cerebro. Sabemos que las conexiones entre las neuronas se producen a través de transmisores químicos (neurotransmisores) y que cuanto más frecuentes son las conexiones químicas de las neuronas, más preparadas están para conectarse de nuevo. Este fenómeno se denomina «facilitación». Así es como en el colegio, a través de este método, se aprenden listas de información, repitiendo los diversos componentes una y otra vez, hasta que quedan bien fijados en el cerebro y se pueden recordar a voluntad. La información que ha estado durante largo tiempo en el cerebro es más fácil de recuperar y emplear si se ha recordado con cierta frecuencia.

PÉRDIDA TEMPRANA DE LA MEMORIA A CORTO PLAZO

Lamentablemente, una de las primeras áreas del cerebro dañadas por la enfermedad de Alzheimer es aquella que controla la memoria a corto plazo. Esta área está situada en el lóbulo temporal del córtex, en lo que se denomina el *hipocampo*. (La palabra «hipocampo» proviene del latín *hippocampus*, que significa «caballito de mar»; para los primeros anatomistas la forma de esta área les sugirió esta minúscula criatura marina.) Nadie sabe el motivo por el cual el hipocampo queda tan gravemente dañado en una fase tan prematura de la enfermedad, cuando la mayor parte del resto del cerebro parece no estar afectado. Sin embargo, en la tomografía computadorizada (TC) se puede apreciar cómo los cambios en esta zona cerebral constituyen el primer signo físico objetivo del proceso patológico.

Debido a que la capacidad para formar memorias a corto plazo constituye un aspecto fundamental en el aprendizaje de la información, y dado que el hipocampo queda gravemente dañado en un estadio inicial de la enfermedad, las personas con Alzheimer tienen grandes dificultades en aprender nueva información; esto es, en transferirla desde la memoria inmediata a la memoria a largo plazo. Son capaces de repetir una lista de palabras de una forma tan precisa como lo haría una persona sana, empleando su memoria inmediata que está intacta. También son capaces de recuperar sin dificultad las memorias a largo plazo (memorias bien arraigadas localizadas en un área del cerebro relativamente intacta). Sin embargo, el crítico paso intermedio de la formación de una memoria a corto plazo (proceso que tiene lugar en el hipocampo, que está dañado) queda afectado de manera significativa, de tal forma que estas personas recordarán sólo unas pocas palabras de la lista si se les pide que las repitan transcurridos varios minutos, o unas horas más tarde.

MEMORIA FÍSICA

Hasta ahora nos hemos referido a la memoria intelectual (la capacidad para recordar la información aprendida). Pero existe otro tipo de memoria, distinta y más profunda, denominada «memoria física». Somos capaces de aprender tareas físicas complejas a través de la repetición y el estudio. Podemos enseñar a nuestros cuerpos a moverse de determinadas maneras con un propósito preconcebido, como bailar, tocar el piano o montar en bicicleta. En cada uno de estos ejemplos de conductas físicas aprendidas se integran acciones corporales complicadas en secuencias fluidas, en una sucesión de acciones. La repetición de la secuencia hace que la actividad física se establezca como un recuerdo que puede ser recuperado voluntariamente. A nivel microscópico, se forma una conexión entre neuronas en el cerebro y el inicio del recuerdo hace que la conexión se «ilumine», al igual que lo haría un cable de luces de Navidad.

El entrenamiento de los deportistas se basa en gran medida en este aprendizaje de conductas físicas, pero este aprendizaje se da también en muchas de las actividades desarrolladas por todos nosotros. Escribir a máquina, coser, conducir un automóvil, e incluso barajar unas cartas o anudar unos zapatos, son ejemplos de memorias físicas. Al igual que sucede con las memorias intelectuales, la repetición consolida las memorias físicas, de forma tal que puede llegar el momento en que las acciones se realicen de forma «automática». No se reflexiona expresamente sobre el movimiento que las manos deben realizar al atar los cordones de unos zapatos, es algo que simplemente se lleva a cabo. Al hacerlo se utiliza un conjunto de información del cerebro sobre una progresión ordenada de actividades físicas (memoria física). Los centros que controlan los movimientos físicos están situados en un área del cerebro distinta a aquella en la que se localizan los centros que controlan el pensamiento. Una vez más, esta diferencia anatómica en la enfermedad de Alzheimer es importante. En una fase temprana del trastorno, las áreas que controlan el movimiento físico permanecen relativamente indemnes, de forma tal que hay personas que tienen muchas memorias físicas bien conservadas, en tanto que sus capacidades intelectuales están gravemente afectadas. Por lo tanto, es posible que alguien pueda tocar bien el piano mucho tiempo después de haber olvidado el nombre de las piezas que está tocando.

LA RECUPERACIÓN DE LAS MEMORIAS

Una vez que un bloque de información entra en la mente como memoria, está disponible y puede recuperarse o recordarse. La información intrascendente que se almacena en la memoria de trabajo se olvida rápidamente a menos que se procese a memoria a corto plazo. La información en la memoria a corto plazo se puede recuperar durante un período de tiempo mucho más largo, a menudo días o semanas mientras que la información en la memoria a largo plazo se puede recordar durante toda la vida.

El estrés o la ansiedad afectan a la recuperación de cualquier memoria. Todos tenemos constancia de este hecho a través de nuestra experiencia personal: es mucho más difícil recordar los detalles (como, por ejemplo, el nombre de una persona) cuando estamos nerviosos o bajo presión. En la enfermedad de Alzheimer, la inseguridad y el estrés a menudo afectan el recuerdo de una determinada memoria. Éste es el motivo por el cual, en ocasiones, los individuos con Alzheimer pueden recordar ciertas cosas cuando están en una situación relajada, pero en cambio no lo logran cuando están nerviosos o trastornados.

LA MALA MEMORIA PUEDE SER NORMAL

Una pérdida parcial de la capacidad de la memoria es una consecuencia inevitable del normal envejecimiento. Todas las personas en algún momento tienen que esforzarse para recordar algunos nombres, el lugar donde dejaron las llaves, o si se cerró la puerta al salir de casa por la mañana. Esta «falta de memoria benigna» difiere notablemente y en muchos sentidos de la pérdida de memoria característica de la enfermedad de Alzheimer.

Sabemos que para que una determinada información pase a integrarse en la memoria es necesario que sea considerada significativa; se ha de identificar como distinta de cualquier otra información similar de la que se haya tenido noticia con anterioridad y, una vez que ha sido codificada como memoria, se ha de recordar con frecuencia para que se pueda recurrir voluntariamente a ella. En el envejecimiento normal, el proceso de codificación es a menudo la causa de problemas de memoria menores: simplemente, determinada información no se registra como digna de ser recordada, por lo cual el proceso de codificación no se completa correctamente y esa información se pierde.

Imagine que una mañana usted va tarde y que se ha tenido que duchar y vestir de forma apresurada. Se ha tomado un café a toda prisa en la cocina y se ha dirigido raudo hacia la puerta. En el momento en que va a salir recuerda que tiene que coger la cartera del trabajo, de manera que vuelve a por ella. Ya fuera de casa duda sobre si ha apagado el quemador de la cocina después de hacer el café. Se sube al coche con la duda, pero al final, desconfiando de su memoria, decide regresar para asegurarse. Sencillamente, con las prisas de la mañana, la acción de apagar el quemador no era lo bastante significativa como para codificarla.

Nuestros sentidos son constantemente bombardeados con información y es imposible que nos demos cuenta de cada uno de los hechos o eventos que se nos presentan; por lo tanto, escogemos los que consideramos importantes. El primer paso para la formación de la memoria es decidir activamente qué es lo que vale la pena recordar. «¿Dónde he puesto las llaves?» es un interrogante que solemos plantearnos a medida que envejecemos, y ello debido a que unos minutos antes se ha fallado al considerar que el lugar donde se ponían las llaves no era un hecho que mereciera ser recordado (es decir, respecto al cual no valía la pena formar una nueva conexión de memoria). Esto no constituye una verdadera pérdida de memoria, sino una distracción (un error en centrarse en el hecho concreto). A lo largo de la vida se han guardado las llaves miles de veces y la última vez que se dejaron no había nada lo suficientemente relevante como para destacar ese momento.

Sin embargo, no tenemos problemas para recordar los eventos significativos y catalogarlos de importantes. Es bastante frecuente y normal olvidar el lugar donde se ha aparcado el coche en un centro comercial (un cómico se refería a esto como «enfermedad de Mallzheimer»). En cambio, no dudaremos respecto a si hemos venido en coche, si nos hemos detenido a poner gasolina, o de si veníamos con prisas para que no nos cerraran. Las personas con la enfermedad de Alzheimer pueden olvidar no sólo dónde han dejado el coche, sino incluso si han venido en él o el motivo por el cual han acudido a ese comercio en primer lugar. El 80 % de los ancianos se queja de que pierde algo de memoria, pero esta pérdida es cualitativamente distinta de la que se produce en la enfermedad de Alzheimer, puesto que no es aplicable a los acontecimientos importantes y normalmente puede corregirse asegurándose de que la información se codifica de una forma adecuada, esto es, identificando lo que es necesario recordar, centrándose en ello, considerándolo importante y, a continuación, reforzándolo.

Los ancianos necesitan más tiempo

Como regla general, las personas mayores necesitan más tiempo para procesar la información, para manipularla. Los ancianos emplean más tiempo en memorizar algo (esto es, en formar la memoria a largo plazo) y también en utilizar la información para razonar o calcular. La codificación empeora (a medida que se envejece se puede registrar menos información de una sola vez) y también existe una mayor propensión a la distracción. Las personas mayores necesitan centrarse con más intensidad en la singularidad de un

CAMBIOS EN LA MEMORIA CON EL ENVEJECIMIENTO NORMAL

Distracciones: a medida que envejecemos necesitamos prestar mayor atención a aquello que deseamos codificar en la memoria a corto plazo; nos tenemos que fijar en ello. Para codificar la información se precisa más energía y más concentración, y la falta de esa concentración es la causa más frecuente de la mala memoria al envejecer.

Disminución de las reservas: la memoria a corto plazo tiene una capacidad limitada y, a medida que envejecemos, esa capacidad disminuye. Muchas personas jóvenes pueden almacenar en la memoria a corto plazo nueve o diez dígitos que no guardan relación entre sí. La mayoría de los ancianos retienen únicamente cinco o seis.

Aumento del tiempo de proceso: cuando nos hacemos mayores precisamos más tiempo para codificar un recuerdo, así como más repeticiones o ensayos. Si el recuerdo se puede relacionar con una experiencia previa, este tiempo de proceso es significativamente más corto.

Recuerdos parciales: la capacidad para recordar la información se conserva bien con la edad. Sin embargo, el recuerdo a menudo no es completo (es posible que se tengan cosas «en la punta de la lengua», aunque se identifiquen otras características importantes del recuerdo).

CAMBIOS EN LA MEMORIA EN LA ENFERMEDAD DE ALZHEIMER

Memoria inmediata: en las primeras fases de la enfermedad se producen pocos cambios.

Memoria a corto plazo: normalmente queda afectada en un momento muy temprano de la enfermedad y a menudo constituye el primer indicio de la existencia de problemas en el cerebro.

Incapacidad para aprender: el aprendizaje depende de la memoria a corto plazo; por lo tanto, ya desde la fase inicial de la enfermedad se pierde la capacidad para incorporar nueva información.

Memoria a largo plazo: a menudo, este almacén de información se mantiene bien, especialmente al principio de la enfermedad. Al final acaba también fallando.

suceso para memorizarlo; especialmente si se trata de un acontecimiento que se repite con frecuencia, como apagar el quemador de la cocina. También en los procesos de memorización se emplea más energía. Los ancianos tienen que esforzarse más para formar una memoria y para llevar a cabo otras acciones, como comparar, deducir e interpretar. Sin embargo, las conclusiones a las que llegan a través de la manipulación de la información son exactamente igual de precisas que las que obtienen los jóvenes. Además, la riqueza de la experiencia permite ver los problemas desde una perspectiva distinta; es posible que las personas mayores tarden más tiempo en contestar, pero las respuestas que dan merecen la espera.

Aunque la cantidad de información que se puede almacenar en la memoria a corto plazo disminuye con la edad, el aumento de la que se puede almacenar en la memoria a largo plazo es espectacular, debido principalmente a que los ancianos tienen una gran experiencia. En muchas sociedades tradicionales esta amplitud de la memoria a largo plazo recibe un reconocimiento, y se alude a ella como «la sabiduría de los ancianos». Lamentablemente, la recuperación de esta información no es tan rápida o fiable como lo es en la juventud. Esto explica el frustrante y común fenómeno de tener algo «en la punta de la lengua». Existe la conciencia de que se conoce la información requerida, pero la memoria no es capaz de traer esa información a la conciencia. A menudo, lo único que hay que hacer es buscar esa información en otra dirección (por ejemplo, si no se puede recordar la comida que se ha planificado, se puede intentar recordar los alimentos que se han comprado). Con frecuencia, el estrés y la frustración, que se originan ante la incapacidad de recordar algo, dificultan aún más el proceso. En otras circunstancias, y en un momento diferente, la información puede venir a la mente sin demora.

OLVIDOS BENIGNOS FRENTE A LA PÉRDIDA DE MEMORIA DEL ALZHEIMER

Olvidos benignos

- Normalmente se trata de detalles sin trascendencia, como los nombres de personas conocidas con las que no se mantiene una relación estrecha.
- No está asociado a otros problemas neurológicos, como dificultades de razonamiento, aritmética, lenguaje.
- En general, más tarde se recuerda la información, y frecuentemente con todos los detalles.

- Existe plena conciencia de que no se es capaz de recordar y, a menudo, esto causa preocupación.
- Pérdida de memoria irregular e inconsistente. Suele empeorar con el estrés o la presión.
- Se puede recordar algo si existe concentración y aprendizaje.
- La pérdida de memoria se puede remediar fácilmente si se toman medidas (confeccionando listas, recurriendo a pistas, etc.).
- Muchas veces es frustrante e irritante, pero nunca interfiere de forma significativa en las actividades sociales y profesionales.
- ¿Qué es lo último que se le olvidó? Si usted puede recordar todos los detalles de ese momento, es probable que no padezca la enfermedad de Alzheimer.

Enfermedad de Alzheimer

- Se olvidan detalles importantes, como el nombre de los nietos.
- Siempre está asociado con una disminución en la capacidad para razonar y calcular.
- A menudo, la información sencillamente se desvanece, se es incapaz de recordarla y no sirve de nada tomar medidas al respecto.
- Suele mostrarse una aparente indiferencia («esto no es importante», o «no necesito saber esto», son reacciones comunes).
- Disminución difusa de la memoria respecto a todos los eventos, en especial por lo que hace referencia a la información recién aprendida.
- La capacidad para aprender nueva información, con independencia de los esfuerzos de concentración que se hagan, queda menoscabada de forma notable. Los recuerdos inmediatos son normales, pero no se pueden recordar transcurridas unas horas o unos días.
- Quienes padecen Alzheimer no sólo pierden una lista, se olvidan incluso de que la han confeccionado.
- Interfiere de forma significativa en las actividades sociales y profesionales.
- Incluso el hecho de que se ha olvidado se olvida. La persona no es consciente (no puede recordar) de que tiene un problema.

Examínese a sí mismo. Si puede recordar el nombre de diez objetos y repetirlos transcurridos diez minutos, probablemente su memoria es normal.

LA PÉRDIDA DE MEMORIA INTERFIERE EN LA VIDA

Más pronto o más tarde, los defectos de memoria de la enfermedad de Alzheimer empiezan a interferir en la vida social y profesional de la persona. Obviamente, unas mínimas dificultades de memoria interferirán mucho antes en el trabajo de un contable o de un farmacéutico que en el de un peón; una característica de la enfermedad de Alzheimer es que la memoria queda dañada lo suficiente como para interferir en las actividades cotidianas. Esto constituye una marcada diferencia con la pérdida de memoria que se produce con el envejecimiento normal, la cual afecta generalmente sólo a detalles intrascendentes.

Además, la pérdida de memoria en la enfermedad de Alzheimer nunca se manifiesta de forma aislada, siempre es parte de un amplio cuadro de disminución cognitiva, de pérdida de otras facultades del pensamiento, como el razonamiento y el cálculo. El Alzheimer no se diagnostica únicamente como una pérdida de memoria, sino como una importante pérdida de memoria asociada a evidencias de trastorno de otras funciones cerebrales. En otras palabras, la pérdida de memoria en la enfermedad de Alzheimer es una prueba de una insuficiencia cerebral generalizada.

EL OLVIDO DE CÓMO APRENDER

En las fases iniciales de la enfermedad de Alzheimer, un problema bastante frecuente es la pérdida de la capacidad de aprendizaje. Los enfermos no pueden incorporar nueva información a su conducta, puesto que su capacidad para formar memorias a corto plazo (lo cual es esencial para aprender) ha quedado dañada. Pueden desenvolverse correctamente en su casa, dentro de los confines de su propio hogar, pero si se encuentran en un lugar extraño (quizás en un hotel o en una casa que no es familiar) se ponen nerviosos y se sienten confundidos, e incluso incapaces de desenvolverse. Para hacerlo en el ámbito de su propio hogar han estado utilizando la memoria a largo plazo, pero ahora necesitan la memoria a corto plazo para aprender la nueva distribución del lugar en que se encuentran. El problema es que sencillamente carecen de la capacidad para aprender esta nueva información.

CAMBIOS EN EL LENGUAJE EN LA ENFERMEDAD DE ALZHEIMER

Durante años, predicando en las aisladas comunidades de la costa de British Columbia, el reverendo Mr. O'Malley era conocido por la pasión que imprimía en sus sermones. Era un hombre fuerte y corpulento, que se expresaba de una forma espléndida, y pocos de sus feligreses abandonaban sus oficios sin sentirse conmovidos por la convicción y la elocuencia de aquel enérgico irlandés. Cuando estaba cercano a los 80 años y se encontraba todavía en activo en la iglesia, su mujer se dio cuenta de que sus sermones iban cambiando lentamente. Aunque el reverendo todavía podía citar de memoria extensos pasajes de las Escrituras, con la misma precisión y celo que en su juventud, ella notaba que él, en ocasiones, perdía el hilo de lo que decía en el sermón, la fluidez del habla y el objetivo que perseguía. A veces se detenía a media frase, aparentemente incapaz de completar sus ideas. Parecía confundido, como si estuviera tratando de recordar dónde se encontraba. Pero aún terminaba el oficio con las oraciones familiares y rituales de la iglesia y, como había sido usual, seguía saludando afectuosamente a sus feligreses en la puerta del templo.

Finalmente, el reverendo creyó conveniente retirarse cuando contaba 78 años y poco después se le diagnosticó la enfermedad de Alzheimer. Curiosamente, fue su más preciada cualidad, su poder para movilizar a la gente a través de la palabra, lo que quedó más afectado por la enfermedad. Intercambiando cumplidos era del todo normal y no tenía problemas, pero si en el curso de la conversación se le inquiría para que diera detalles, se alteraba fácilmente y a menudo titubeaba, como si no fuera capaz de recordar sus propias palabras.

En la consulta del médico, saludó al doctor con efusividad y estrechó su mano con una enérgica convicción. La conversación, sin embargo, fue bastante anormal:

Doctor: Veamos, pues, reverendo, ¿cómo se encuentra usted hoy?

Reverendo: Estoy bien, doctor. ¿Cómo le trata a usted la vida?

Doctor: También me encuentro bien. ¿Cómo le sienta la jubilación?

Reverendo: Bien, ¡ah!... jubilado... no soy realmente el mismo... sabe usted... como antes... no con los practicantes o ¡ah!... casi siempre en casa... con Mary... no habitualmente...

Doctor: Ha tenido usted una dilatada carrera como predicador en la región. Hábleme de ello.

Reverendo: Bueno, fue maravilloso servir tantos años a Dios... muchos años en la iglesia... con los sermones y las visitas... pero ahora...

Aunque sus palabras todavía tenían fuerza, el sentido que les daba no siempre era claro y el reverendo Mr. O'Malley se volvía buscando a su esposa para que le ayudara a completar las frases.

A lo largo del siguiente año y medio, el reverendo empeoró en casa, se volvió combativo con su mujer y, en varias ocasiones, se puso muy nervioso cuando por equivocación tomó a su mujer por un intruso. Al final, después de estar semanas con estos episodios diarios de desvaríos, su mujer estimó necesario ingresarlo en un hogar de ancianos. Todavía era capaz de recordar frases de la Biblia y de deleitar al personal geriátrico con extensas citas de las Escrituras, aludiendo correctamente tanto el capítulo como el versículo donde se encontraban las citas. Sin embargo, sus otras habilidades dialécticas empeoraron notablemente. Cuando lo visitó el médico, el revendo le dio la bienvenida con su habitual entusiasmo, pero la conversación rápidamente se deterioró.

Reverendo: Bien, doctor, ¿cómo se encuentra usted esta bonita mañana?

Doctor: Estupendamente, reverendo, ¿y usted?

Reverendo: Con la gracia de Dios, disfrutando de esta bonita mañana.

Doctor: ¿Cómo van las cosas aquí, en el hogar de ancianos?

Reverendo: Bien, las cosas... van... ¿dónde?

Doctor: Aquí, en el hogar de ancianos.

Reverendo: Bien, pienso que las cosas se van... haciendo... esta bonita mañana.

Doctor: ¿Haciendo? ¿Qué quiere usted decir?

Reverendo: Bueno, pienso en lo que podría ser… a veces.
Doctor: ¿Es usted feliz aquí?
Reverendo: Feliz aquí… bueno, muchas veces… las cosas se van… haciendo.

A medida que transcurría el tiempo, su habla se hizo lenta, hasta el punto de ser incapaz de construir una frase completa, y muchas veces repetía una frase o dos de la pregunta que se le había planteado. En ocasiones parecía simplemente no entender el propósito de las palabras, aunque se le repitieran y él fuera capaz de pronunciarlas de forma mecánica. Así, si las enfermeras le preguntaban si quería darse un baño, él repetía la frase «darse un baño», como si hubiera entendido. Sin embargo, cuando llenaban la bañera y le quitaban la ropa, él se ponía muy nervioso y se mostraba muy sorprendido por todo lo que sucedía.

Muchas veces repetía la frase «sí, amén», como parte de su conversación, pero incluso esto se hizo esporádico a medida que empeoraba. Todavía era capaz de darle una bienvenida cálida y afectuosa al doctor, y también a muchos de los pacientes compañeros suyos, como había hecho durante años en la iglesia.

Finalmente, después de pasar tres años en el hogar de ancianos, perdió la capacidad de participar de manera coherente en cualquier conversación. Sus dotes de comunicación quedaron limitadas a simples palabras como «no», y en ningún momento hablaba de forma espontánea, excepto en las raras ocasiones en las que gritaba alguna expresión sencilla como «¡Oh Dios!», sin ningún motivo aparente. Durante los últimos seis meses de su vida, en el hogar de ancianos, el reverendo Mr. O'Malley no habló en absoluto; la que había sido la más preciada de sus habilidades le fue negada por completo.

EL LENGUAJE: UN VALIOSO DON

La comunicación de pensamientos y emociones a través de la emisión de sonidos vocales constituye una de las capacidades humanas individuales más valiosas. Como especie desarrollamos esta habilidad debido a que somos criaturas sociales, interdependientes y, por lo tanto, necesariamente, cooperativas. El lenguaje nos permite convivir con los demás; nos proporciona la posibilidad de compartir nuestras necesidades y aspiraciones; nos posibilita el intimar. Naturalmente, podemos comunicarnos de otras formas, pero sin el lenguaje nuestra existencia humana es mucho más pobre, puesto que quedamos aislados y privados de uno de los placeres de la vida. Lamentablemente, en la enfermedad de Alzheimer se produce siempre un deterioro del lenguaje.

LA NEUROLOGÍA DEL LENGUAJE

El fenómeno del lenguaje es complejo y en él intervienen muchas áreas del cerebro, en asociación o comunicación mutua. Cuando se formula una simple pregunta como: «¿Qué tal te encuentras?», oímos las palabras en nuestros oídos, pero los impulsos creados por las vibraciones del tímpano viajan hacia un área del cerebro especializada en la recepción de sonidos y localizada en el lóbulo temporal. En esta zona del cerebro, los impulsos se traducen en palabras reconocibles y se combinan para formar un modelo que se pueda comprender. Esta transformación, que habitualmente se lleva a cabo en el lado izquierdo del cerebro, nos proporciona una comprensión razonable de la pregunta planteada. El siguiente paso se produce en otra área del cerebro, el lóbulo frontal, donde empezamos a analizar la pregunta y a escoger una respuesta. Una vez que esto se ha realizado, el lóbulo frontal todavía envía los impulsos a otra área cerebral, el córtex motor, desde donde a su vez se envían impulsos para empezar a formular una respuesta. Desde el córtex motor los impulsos viajan a los músculos de articulación de la boca y la garganta y se expresa una respuesta específica: «Estoy bien, gracias. ¿Y tú como estás?». En el procesamiento de la pregunta original y la formación de una respuesta intervienen diversas áreas del cerebro, que se comunican entre sí. Estas comunicaciones las damos por supuestas y, naturalmente, todo el proceso dura sólo una fracción de segundo. Las áreas de asociación (las vías entre las áreas específicas del cerebro) quedan gravemente dañadas en la enfermedad de Alzheimer.

APARICIÓN DE LOS PRIMEROS CAMBIOS EN EL LENGUAJE

Al principio los cambios pueden ser sutiles. Uno de los primeros que se produce es la incapacidad para encontrar la palabra adecuada, una enfermedad denominada *anomia* (del latín y que significa «sin nombre»), que se cree que es un fenómeno relacionado con la memoria. En lugar de decir «taza de café», la persona podría decir «aquello para poner café» o, en vez de «llave», podría decir «el abre puertas» o, en vez de «cepillo de dientes», diría «limpiador de dientes». A menudo, en las primeras fases, los enfermos todavía son capaces de explicar lo que están queriendo decir, de comunicar un concepto sin emplear la palabra específica, que es una técnica denominada *circunloquio* (literalmente, «hablando alrededor de»). Es el mismo truco que muchas veces empleamos cuando aprendemos una segunda lengua; es posible que desconozcamos la palabra precisa para designar algo en esa lengua extranjera, pero tenemos los suficientes conocimientos como para describir lo que queremos decir, de forma que el significado se hace obvio. El primer paciente con la enfermedad de Alzheimer, Auguste D., en lugar de decir «taza de leche» decía «jarra de leche», pues era incapaz de recordar la palabra «taza». Según parece, al principio la anomia se da únicamente con objetos que la persona no ve o no utiliza con frecuencia; sin embargo, posteriormente, se da con objetos habituales.

Cometer errores simples es habitual, especialmente en palabras que suenan parecido; y así «plato de jamón» se puede convertir en «plato de jabón». La agrupación de palabras por categorías queda afectada, debido a que para realizarla es preciso «rearchivar» los grupos de objetos en la mente y ello requiere un cierto grado de razonamiento, que a menudo se pierde en una fase temprana de la enfermedad. Por ejemplo, es probable que para alguien que padezca la enfermedad de Alzheimer sea difícil hacer una relación de animales que empiecen por la letra A, o de muebles elaborados a base de madera.

SIGNIFICADOS PERDIDOS

A medida que la enfermedad progresa, la comprensión del lenguaje también queda afectada y, como consecuencia de esto, los enfermos se vuelven más inseguros durante las conversaciones y más reacios a entablar cualquier tipo de diálogo que no sea superficial. Disminuye la producción tanto del lenguaje escrito como del oral y la lectura se hace menos frecuente y se disfruta menos con ella. A menudo, los enfermos son conscientes de sus dificultades para encontrar las palabras adecuadas y deliberadamente evitan las situaciones en que se pueda poner a prueba su destreza con el lenguaje. Es posible que los amigos y los familiares se percaten de estos problemas para encontrar la palabra correcta, así como de los errores gramaticales y de otras dificultades que puedan existir para terminar de completar las frases o las ideas trasmitidas por el interlocutor. Muchas veces, otras personas ajenas no se dan cuenta de lo poco que entiende el enfermo de Alzheimer. Las vías de relación que dan sentido al conjunto de palabras, que es lo que conocemos como lenguaje, quedan hasta tal extremo dañadas que la persona no es capaz de captar el significado completo de las oraciones y frases que se le transmiten. Éste es el motivo por el cual muchos enfermos son incapaces de participar en una conversación, o de obedecer órdenes muy sencillas. Oyen las palabras (la parte del cerebro encargada de este cometido funciona correctamente), pero las vías de relación que permiten procesar la información y convertirla en una respuesta consciente han quedado dañadas. Escuchan la conversación e intentan participar, pero no son capaces. Aunque pueden oír, no comprenden correctamente lo que se dice, ni pueden tampoco elaborar un plan de acción para responder a la información que se les suministra.

Con estas dificultades, el deseo de continuar la comunicación les puede conducir al empleo de frases repetitivas, superficiales y sin sentido, como: «Bien, eso es» o «Estupendo». Normalmente son frases que han utilizado durante años para mantener vivas las conversaciones. Suele ser habitual que repitan las preguntas, mientras se esfuerzan por entender lo que se les ha preguntado. El problema aumenta cuando los daños en la memoria a corto plazo impiden que la persona recuerde que lo acaba de preguntar.

CAMBIOS QUE SE PRODUCEN EN LA CONVERSACIÓN Y EN EL HABLA CON LA ENFERMEDAD DE ALZHEIMER

Fase inicial

- Anomia: dificultades para encontrar la palabra adecuada.
- Circunloquio: comunicación de un concepto sin emplear la palabra específica.
- Se evitan las conversaciones complicadas o de carácter intelectual.
- Sustitución de la palabra correcta por otras similares, o de palabras que suenan de forma muy parecida.

Fase intermedia

- Empleo de frases y palabras superficiales: «Bien, eso es» o «Estupendo».
- Se evitan las conversaciones; disminuye la iniciativa al dialogar.
- Se olvida la gramática y la construcción de frases.
- Se pierde el hilo de las ideas al conversar.
- Se deja de disfrutar leyendo y escribiendo.
- Se repiten palabras dentro de las mismas frases.
- Se dejan frases sin terminar.
- En ocasiones se deja entrever que no se entiende el significado.

Fase final

- Raramente se inician las conversaciones.
- No se atiende a órdenes sencillas: no se entienden.
- No se es capaz de leer.
- No se es capaz de escribir.
- Se repiten palabras simples o frases cortas sin sentido como «Bien» o «No, no, no».
- Al hablar se divaga y no se puede seguir el hilo de las ideas.
- Ecolalia o paralalia: en la respuesta que se da se repite parte o toda la pregunta que el interlocutor ha planteado.
- Finalmente, el habla se hace ininteligible (gruñidos).
- En la fase terminal, el enfermo ha dejado de hablar por completo.

Sorprendentemente, en bastantes ocasiones, la capacidad para conversar de forma superficial se conserva muy bien. Las simples cortesías, como los saludos de bienvenida, las despedidas, los diálogos insustanciales o inespecíficos, a menudo son totalmente normales hasta que la enfermedad de Alzheimer está bastante avanzada. En consecuencia, los enfermos de Alzheimer, en sus relaciones superficiales con las demás personas, pese a que su capacidad de expresión lingüística puede estar notablemente dañada, no denotan el problema que padecen. Únicamente en un intercambio dialéctico más profundo los defectos se hacen evidentes. Esto se debe a que estos encuentros superficiales se han repetido muchas veces a lo largo de la vida de la persona y, por lo tanto, se han aprendido bien; se trata de memorias a largo plazo, y recurrir a ellas no requiere ningún tipo de razonamiento o de poder cognitivo. Los encuentros superficiales a los que aludimos suelen estar acompañados de signos de comunicación familiares, como un apretón de manos, y las expresiones faciales adecuadas. Quienes durante su vida han disfrutado de las relaciones sociales suelen conservar la capacidad de comunicación social hasta una fase avanzada de la enfermedad.

COMUNICACIÓN EN UNA FASE AVANZADA DE LA ENFERMEDAD DE ALZHEIMER

A medida que la enfermedad progresa, el lenguaje se va deteriorando. Las frases incompletas y los desvaríos en el uso de las palabras sustituyen al habla coherente, aunque la articulación verbal, que es la aptitud para formar sonidos y palabras, se mantiene intacta. La comprensión de lo que dicen los demás empeora todavía más: los enfermos sencillamente *no pueden* entender o ejecutar la información que se les transmite, aunque la oigan. Pese a que pueden hacer algún intento de contestar, se pierde por completo el propósito del lenguaje (transferir una idea de una persona a otra). Éste es el motivo por el cual, en una fase ulterior de la enfermedad, a menudo los enfermos parecen ignorar a sus cuidadores, o actuar como si quisieran fastidiarles.

A veces sucede que los enfermos repiten las palabras una y otra vez, o bien cuando se les formula una pregunta repiten las palabras o frases del enunciado; se trata de un fenómeno denominado *ecolalia*. Ocasionalmente, repiten palabras o frases ofensivas, lo cual provoca un gran trastorno a quienes están con ellos oyéndolos. Es importante entender que para esas personas las palabras que pronuncian carecen de sentido; la formación de los sonidos se debe al proceso patológico que provoca un «cortocircuito» en el área del lenguaje. Por sí mismo, este lenguaje no transmite ningún mensaje ni tiene ninguna implicación. Es también importante tener en cuenta que no se trata de un fenómeno voluntario. Se trata de hechos que se escapan por completo al control de la persona y que reflejan la falta de conexión entre diversas áreas cerebrales.

Al final desaparece cualquier tipo de comunicación verbal significativa y los enfermos quedan sin habla, totalmente aislados y encerrados en sí mismos, incapaces de expresar ningún sentimiento o idea a través del lenguaje. Igual que Auguste D., mueren sin pronunciar palabra alguna.

LA PÉRDIDA DEL JUICIO Y DE LA CAPACIDAD DE RAZONAR

UN EXTRAÑO EN EL INTERIOR

Durante muchos años, Roy había gozado del respeto de la comunidad en la que vivía. Allí, en un pequeño pueblo, era el único farmacéutico, regentaba un establecimiento que había edificado su padre y, durante su ejercicio profesional, había tenido el privilegio de haber ayudado a muchísimas personas. Siempre saludaba a sus amigos y clientes por el nombre, desde detrás del mostrador, con un tono afable y amistoso.

Cuando, después de una serie de flagrantes errores en las prescripciones, su médico de cabecera y viejo amigo le dijo que padecía la enfermedad de Alzheimer, Roy quedó desolado. Él ya se había dado cuenta de que no podía estar al corriente de todas las novedades farmacológicas del mercado; le resultaba muy difícil acordarse de ellas. Tenía que tomar amplias notas cuando algún representante comercial visitaba la farmacia con algún nuevo producto. Durante un año o dos una auxiliar de farmacia le había ayudado con las dosis farmacológicas, únicamente «para cerciorarse», y cada vez era más habitual que la auxiliar, una mujer joven sin ninguna formación farmacéutica específica, tuviera que cambiar las dosis debido a un error. Pronto los fallos se hicieron tan frecuentes que Roy quedó abrumado, confundido e incapaz de afrontar toda la complejidad del trabajo que amaba desde hacía tanto tiempo.

Todo esto era muy perturbador para Roy, pero además se dio cuenta de que estaba perdiendo una de sus habilidades más preciadas: ya no reconocía a sus fieles clientes, no podía saludarlos por sus nombres de la forma que tanta satisfacción le había reportado a lo largo de su vida. A muchos de los clientes más recientes (aquellos que acudían desde hacía poco al establecimiento) aseguraba no conocerlos de nada. De manera dramática, tampoco parecía acordarse de algunos de sus amigos más entrañables, ni de otras personas conocidas desde mucho tiempo atrás. Olvidaba sus nombres o se mostraba indiferente cuando los saludaba en su local.

Roy se jubiló, manifestando simplemente que era «demasiado viejo», pero en realidad estaba avergonzado de sus carencias y, pese a que continuó siendo el propietario de la farmacia, encontraba demasiado perturbador visitarla (ni tan siquiera podía recordar el nombre de sus empleados). En una ocasión se produjo un altercado muy embarazoso cuando se enfrentó al joven encargado de los pedidos, insistiendo en que el joven era un impostor y reclamando que se avisara a la policía.

Pero el peor episodio de confusión ocurrió en su casa.

Un día, después de ducharse, Roy corrió escaleras abajo, todavía empapado y cubierto únicamente con la toalla del baño. Estaba muy nervioso y le gritó a su pobre mujer: «Corre, ven, Dee. ¡Hay un ladrón en el piso de arriba!».

Su esposa quería avisar a la policía, pero Roy insistía en cogerla de la mano e ir juntos a inspeccionar el cuarto de baño. Aunque ella sabía que era peligroso subieron al piso de arriba. Roy le indicó con un gesto que el ladrón se encontraba dentro y abrió la puerta cuidadosamente, pero su aterrorizada mujer no pudo ver a nadie en el interior de la pequeña habitación.

«¡Aquí no hay nadie, Roy!», exclamó ella con alivio.

«¡Mira!», dijo Roy, agitándose temeroso mientras señalaba el amplio espejo que había sobre el lavabo, frente a ellos. «¡Aquí está! ¡Justo a tu lado».

La mujer de Roy, sobresaltada, miró hacia donde su marido señalaba, pero todo lo que podía ver era su propio reflejo en el espejo, junto a su asombrado marido.

Entonces, en un momento de escalofriante intuición, la mujer lo entendió todo: Roy no podía reconocerse a sí mismo; había pensado que su imagen reflejada correspondía a la de un intruso, alguien que nunca antes había visto, un ladrón en el interior de su hogar.

La mujer, lentamente, condujo a su marido hacia el exterior del cuarto de baño e intentó calmarlo. Él no podía entender el motivo por el cual su esposa estaba llorando, pero ella no le permitía volver a entrar en el cuarto de baño y enfrentarse al extraño que había en el interior de su casa.

Un extraño en un mundo extraño

Uno de los signos más incapacitantes de la enfermedad de Alzheimer es la pérdida de la habilidad para identificar los objetos que se emplean de forma cotidiana y los usos de dichos objetos. Este fenómeno médico se denomina *agnosia* (una palabra que procede del griego y que significa «sin conocimiento») y subyace a muchos de los desconcertantes comportamientos característicos de esta enfermedad. Por ejemplo, a una mujer enferma, después de un baño, se le mostraría un cepillo y no recordaría haber visto nunca ese objeto y tampoco sabría cómo utilizarlo de una forma apropiada. Ver y palpar el cepillo no desencadenaría una comprensión sobre el tipo de objeto de que se trataba, ni tampoco para qué servía. En el interior del cerebro la vista y el tacto se mantienen indemnes, lo que queda dañado es la capacidad para relacionar estos aportes sensitivos y formar el concepto de un objeto al que se reconoce como un cepillo. Esta hipotética mujer sencillamente no podría, debido a que las áreas del cerebro que relacionan estos aportes sensitivos habrían quedado dañadas. Esa mujer se sentaría junto a la bañera con un objeto inidentificable en la mano, desconcertada y confundida.

A veces, la agnosia puede provocar que alguien «identifique» incorrectamente un objeto (a menudo confundiéndolo con algo con un uso y una función similares). Así por ejemplo, se piensa que el cepillo del pelo es un cepillo de dientes, ¡lo cual tiene consecuencias devastadoras cuando se extiende el dentífrico sobre él!

La agnosia afecta tanto a la identificación de objetos como de personas y provoca muchas de las tribulaciones de esta enfermedad. De la misma forma en que los enfermos de Alzheimer no pueden identificar objetos tan habituales como un cepillo del pelo, tampoco son capaces de reconocer a familiares y amigos. Ello se debe a la combinación de la pérdida de memoria con los daños en las vías de conexión cerebrales. Al principio no conocen a las personas que no han visto desde hace tiempo, pero a medida que la enfermedad progresa, la amplitud de los daños en el interior del cerebro determina la incapacidad para reconocer incluso a las personas que han estado más próximas a lo largo de toda la vida. Las caras de los hermanos, de los compañeros de trabajo y de los amigos más íntimos ya no provocan una sonrisa de reconocimiento, un gesto con la cabeza en señal de saludo; apenas si pueden darse cuenta de la compañía de sus viejos amigos. Todo ello provoca una profunda tristeza en todos estos allegados. En ocasiones se produce un indicio de reconocimiento; se identifica al amigo a un determinado nivel, pero la persona con Alzheimer es incapaz de completar la asociación y de recordar el nombre o los detalles. Al final no importa el grado de contacto que se haya tenido con anterioridad, no importa el amor que pueda haber existido, el enfermo de Alzheimer ni siquiera reconoce a sus hijos o a su cónyuge. Las personas más importantes en la vida del enfermo son tratadas con indiferencia, con una vacuidad que estremece por lo triste que es.

Esta agnosia respecto a los demás es extensible también a los propios afectados, que no son capaces de identificarse a sí mismos. La tergiversación de Roy respecto a su propia imagen en el espejo constituye un buen ejemplo: en el interior del cerebro era incapaz de construir una imagen correcta de sí mismo y, por lo tanto, de reconocerse en el espejo.

La comprensión de la agnosia

Sabemos que ciertas áreas del cerebro quedan gravemente afectadas en una fase temprana de la enfermedad, en tanto que otras quedan en parte indemnes. Lamentablemente, las vías que unen diversos centros cerebrales a menudo quedan dañadas de forma muy rápida, de manera tal que las diversas partes del cerebro ya no se pueden comunicar entre sí, a pesar de que su funcionamiento puede seguir siendo relativamente normal. De forma similar a como la mayoría de las ciudades están interconectadas a través de autopistas, teléfonos y satélites artificiales, los diversos centros cerebrales lo están a través de vías neurales que transmiten la información de forma instantánea. Por lo tanto, el centro del habla en el lóbulo temporal sabe lo que está «viendo» el centro visual en el lóbulo occipital y también lo que está «sintiendo» el centro emocional en el sistema límbico. Los daños que se producen sobre las vías de conexión aíslan esos centros, de manera que no pueden recibir la información que proviene de los demás, ni tampoco pueden influirse los unos a los otros. Han dejado de «hablarse». Por ejemplo, si a una persona con Alzheimer se le da un tenedor, el centro sensorial lo reconocerá como un objeto que ha visto antes, pero al estar dañadas las vías de conexión no podrá decir el nombre de ese objeto y desconocerá por completo para qué se utiliza o cómo debe manejarse correctamente. Ya no puede utilizar su cerebro como un todo para manipular o correlacionar la información y los sentimientos. Las operaciones aritméticas sencillas, como las necesarias para repasar una cuenta bancaria, no se pueden efectuar. Jugar a cartas deja de ser agradable. Otras muchas tareas, como recordar los resultados parciales en el golf o en el bridge, programar la medicación diaria que se debe tomar, o contar el cambio en el supermercado, se hacen muy difíciles y terminan por ser imposibles. Las tareas secuenciales —poner la mesa o cocinar siguiendo una receta culinaria— son también muy complicadas de efectuar. Incluso las acciones consecutivas necesarias para tomar un baño, que son relativamente sencillas (llenar la bañera, ajustar la temperatura, desnudarse, lavarse, secarse, etc.), se tornan demasiado complicadas cuando las áreas cerebrales quedan aisladas entre sí.

Las lesiones a estas vías de conexión impiden que las personas en una fase inicial de la enfermedad de Alzheimer puedan integrar en el cerebro nueva información. Aunque el centro auditivo puede oír una pregunta, no existe conexión con el área encargada de formular una respuesta razonable basada en la experiencia. El centro visual puede «ver» a una persona moviéndose en el espejo del dormitorio, pero no se consulta al centro encargado de evaluar la información a fin de verificar si la imagen es reconocible. Una esposa puede acudir de forma verdaderamente cariñosa al hogar de ancianos donde se encuentra su marido mientras él ignora quién es la persona que está sentada a su lado, cogiéndole de la mano con tanta dulzura y compasión.

El olvido del cómo

La *apraxia* (del griego, «sin actuar») es otro signo habitual de la enfermedad de Alzheimer. Se trata de la incapacidad para llevar a cabo movimientos y acciones intencionados, pese a tener intactos los sistemas motor y sensorial. Con frecuencia, aparece en una fase bastante temprana de la enfermedad de Alzheimer, pero es posible que no se identifique. Puede constituir una causa de mucha frustración en los cuidadores, que no entienden el motivo por el cual las personas a las que están cuidando han perdido la capacidad para realizar las actividades cotidianas. Normalmente, las acciones físicas más elementales, como comer, andar o vestirse (las tareas que se efectúan de forma más automática), no constituyen un problema al principio; en cambio, sí lo constituyen tareas más técnicas. Es posible que el enfermo ya no sea capaz de accionar el mando a distancia del televisor, o de programar la temperatura del horno. Las tareas organizativas, como confeccionar una lista de la compra, no pueden llevarse a cabo. El razonamiento, que es tan importante en cualquier operación económica, empieza a fallar y los errores aparecen de forma inevitable. Las labores poco importantes, siempre realizadas sin ningún problema, se hacen extremadamente difíciles. A medida que transcurre el tiempo, incluso las actividades más sencillas quedan afectadas y la persona tiene dificultades para vestirse y comer. El enfermo es físicamente capaz de ponerse los calcetines y los zapatos, o de manejar los cubiertos, pero mentalmente estos movimientos voluntarios no se pueden realizar secuencialmente. Las necesidades intestinales y urinarias no se efectúan de manera autónoma y se pueden producir accidentes. El paciente no tiene el control voluntario sobre estas capacidades y *no* se comporta así expresamente para causar problemas o llamar la atención. Simplemente ha perdido el poder de razonamiento que le permite analizar la tarea a efectuar hasta su finalización.

FALTA DE CUIDADO PERSONAL

En la enfermedad de Alzheimer siempre existe una incapacidad para razonar, para llegar a conclusiones a partir de la observación y para enjuiciar de forma correcta. Esta circunstancia, combinada con los cambios que se producen en la memoria y con la apraxia, tiene como consecuencia la aparición de errores cognitivos graves (como pagar la misma factura cuatro veces, o marcharse de casa a dar un paseo en pleno invierno llevando únicamente ropas muy ligeras). El problema radica en el trastorno de la capacidad para razonar, evaluar la información y tomar una decisión correcta. A continuación se suele producir la falta de cuidado personal; los enfermos dejan de preocuparse por su apariencia o por cómo van vestidos y se vuelven desaliñados. Su actitud también se torna despreocupada y esto a menudo amenaza su seguridad. Es habitual que los enfermos se dejen una plancha conectada, o que olviden una olla hirviendo en la cocina, cigarrillos encendidos o un lavaplatos vacío en funcionamiento. Estos errores son consecuencia de una combinación de déficit: pérdida de memoria, apraxia, agnosia y pérdida del poder de razonamiento básico.

Además, dado que estas personas tampoco son capaces de procesar nueva información, de formar nuevos recuerdos, no pueden aprender de los errores cometidos; no extraen una enseñanza de los fallos en los que incurren. El conjunto de todos estos déficit en la función cerebral provoca una repetición de los problemas, un día tras otro, semana tras semana, puesto que sufren un lento pero inexorable declive en su capacidad de entender el mundo que les rodea.

Desorientación espacial

Otro signo que se manifiesta en una fase temprana de la enfermedad de Alzheimer es la confusión o la desorientación en entornos bastante familiares. Suele suceder que el enfermo salga de casa para dirigirse a realizar alguna tarea cotidiana, como comprar o visitar a un amigo, y entonces se pierda, pese a que hace años que conoce el recorrido. La orientación en el espacio requiere una constante asimilación de datos y un rápido proceso de esta información. Esto es algo que se da por supuesto. Así, por ejemplo, cuando nos dirigimos a comprar, constantemente examinamos nuestro entorno para asegurarnos de que vamos por el camino correcto y tenemos en mente cuál es nuestro destino y objetivo; además, vamos realizando adaptaciones y ajustes a medida que avanzamos. Una vez más, esto requiere la asociación de varias áreas del cerebro; los distintos centros se deben comunicar los unos con los otros. Esta capacidad queda alterada en una fase temprana de la enfermedad de Alzheimer. Las personas que padecen este trastorno se pierden realizando recorridos que les son familiares. Al principio la desorientación se produce fuera de casa, pero posteriormente también se da en el seno del propio hogar.

Para la mayoría de las personas con Alzheimer cualquier cambio en el entorno constituye un importante reto. Simplemente, lo que ocurre es que no pueden crear un nuevo mapa visual mental. Esto provoca una angustia extrema y, debido a esta circunstancia, muchos enfermos se vuelven menos audaces, menos predispuestos a viajar (especialmente solos) y, en lugar de esto, prefieren permanecer en sus casas o en los alrededores. Se recluyen y ello, en combinación con las dificultades de lenguaje y comunicación que padecen, refuerza su aislamiento.

Una idea de la magnitud de esta desorientación espacial la proporciona el estudio de los dibujos de relojes efectuados por enfermos de Alzheimer. Aunque la idea general de reloj está presente, normalmente los detalles son erróneos. Los números se sitúan en el lado equivocado, o sólo se plasman algunos de ellos, o bien se cometen fallos escandalosos que son obvios. Las personas que padecen Alzheimer simplemente «ven» el mundo de manera distinta a como nosotros lo hacemos.

CAMBIOS DE CONDUCTA Y DE PERSONALIDAD

Además de los cambios en la memoria y en el poder de razonamiento que constituyen una parte esencial de la enfermedad, las personas con Alzheimer también experimentan cambios en su conducta y personalidad. Normalmente, estos cambios son muy terribles para la familia, porque la persona parece ser otra totalmente distinta. Quienes padecen esta afección se vuelven impredecibles, como niños, y, a medida que se van deteriorando, a veces incluso causan una sensación aterradora. Su personalidad y el modo en que reaccionan frente a situaciones concretas y frente a personas determinadas pueden cambiar de manera espectacular.

Ejemplos de dibujos de relojes

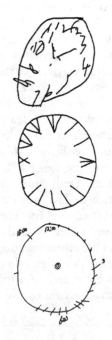

Como ocurre con el deterioro de la memoria y la cognición, estos cambios se deben a daños específicos en áreas del interior del cerebro. Habitualmente, los cambios comportamentales que se pueden apreciar incluyen trastornos del sueño, alucinaciones, ilusiones, alteraciones en los niveles de actividad, agresividad y perturbaciones en el estado de ánimo.

TRASTORNOS DEL SUEÑO

Dormir constituye un excelente aunque complicado proceso de rejuvenecimiento diario. Dormir bien es necesario para tener energía y bienestar mental. Lamentablemente, en el curso de la enfermedad de Alzheimer, la calidad del sueño se deteriora muy pronto, con lo cual los afectados son privados de sus beneficios.

CAMBIOS HABITUALES EN EL SUEÑO

- *Ausencia de sueño profundo.* El sueño es mucho menos reparador y reconstituyente. Esta característica se manifiesta ya en una fase temprana de la enfermedad.
- *El enfermo se despierta muchas veces y tiene dificultades para volver a conciliar el sueño.* Los adultos normales se despiertan cuatro o cinco veces a lo largo de la noche, pero cuando alguien padece Alzheimer puede llegar a despertarse 15 o 20 veces en una noche.
- *No se relaciona el dormir con la oscuridad.* Esto a menudo provoca que la persona dormite durante el día y deambule por la noche, e incluso llegue a una total inversión del ciclo normal del sueño día-noche. En un estudio, algunos enfermos de Alzheimer pasaban casi el 40 % de la noche despiertos, y el 20 % del día dormidos.
- *Trastornos al atardecer.* Al caer la tarde aumenta la confusión y la inquietud. Esto es característico de las fases intermedias de la enfermedad y muchas veces constituye el motivo de internamiento de los enfermos. A medida que la enfermedad de Alzheimer progresa y la calidad del sueño sigue empeorando, algunas personas pasan la mayor parte del tiempo en un *estado de somnolencia semipermanente* y, si no se las estimula, se quedan dormidas. Sin embargo, no es un sueño reparador y nunca tienen la sensación de haber descansado bien.

El sueño tiene varias etapas. Una de estas etapas, denominada «sueño profundo», es la más reparadora, la que produce la sensación de haber descansado bien. Los enfermos de Alzheimer sufren una notable disminución del sueño profundo y, por ello, a menudo están totalmente cansados, con la sensación de que el sueño no ha sido reconfortante y con la cabeza poco clara. Además se despiertan múltiples veces durante la noche y experimentan dificultades para volver a conciliar el sueño. Se cree que estos cambios se deben a daños neuronales y a los daños sufridos en las vías cerebrales de conexión encargadas de iniciar el sueño y mantenerlo a lo largo de toda la noche.

Los trastornos del sueño aumentan a medida que transcurren los años de la enfermedad y son el motivo más frecuente que aducen los familiares cuando deciden el internamiento de sus seres queridos. Al avanzar la enfermedad se suele producir una inversión del ciclo normal vigilia-sueño y, así, la persona duerme a ratos durante el día y está despierta por la noche. En el seno del hogar esto puede significar que el enfermo dormite la mayor parte del día y que, en cambio, durante la noche esté levantado deambulando por la casa, encendiendo luces, quizás empezando a preparar el desayuno, e incluso intentando salir a dar un paseo, al tiempo que se muestra totalmente reticente a volverse a acostar. En el hospital la consecuencia suele ser que el paciente trata de salirse de la cama, por encima de las barandillas laterales, intenta vestirse y molesta a los demás.

Algunos investigadores indican que esta conducta se debe a una disminución en los niveles de melatonina. La melatonina es una hormona que produce la glándula pineal del cerebro y que se segrega cuando hay oscuridad, por la noche. Prepara las células del cerebro y del resto del cuerpo para dormir. En la enfermedad de Alzheimer la secreción de esta hormona disminuye de forma notable y la consecuencia es que el sueño deja de estar vinculado a las horas nocturnas.

A medida que progresa la enfermedad, muchas personas duermen la mayor parte del tiempo, de día y de noche, y a menudo se les tiene que despertar para las comidas. Sin embargo, este sueño es únicamente un estado ligeramente parecido al coma, provocado por los progresivos daños que sufren las células en el interior del cerebro.

TRASTORNO AL ATARDECER

El «trastorno al atardecer» es una forma especialmente grave de disfunción comportamental que se da con frecuencia en la enfermedad de Alzheimer. Se manifiesta en episodios recurrentes de confusión y nerviosismo, relacionados con la oscuridad de las últimas horas de la tarde y de la noche. Es posible que durante el día el enfermo se muestre totalmente dócil, pueda ser dirigido con facilidad y adopte una actitud pasiva; sin embargo, a medida que la noche se aproxima su comportamiento cambia. Con frecuencia estará nervioso e inquieto, profiriendo gritos y deambulando. Es habitual que padezca algún tipo de trastorno emocional, como miedo, o quizá problemas de percepción, como alucinaciones. Quienes padecen este trastorno del atardecer pierden la perspectiva del entorno de la que gozan durante el día y el habla y el razonamiento empeoran sustancialmente. Aparentan estar muy alterados o nerviosos, o bien iracundos, y muestran su oposición a cualquier intento de que regresen a la cama. Es posible que se expresen de forma muy enérgica, gritando o profiriendo maldiciones y a menudo experimentan un notable aumento de la actividad, por ejemplo andando de manera impaciente o cogiendo de forma repetida un objeto. En ocasiones intentan abandonar el hogar. Debido a su estado de confusión pueden llegar a golpear a sus cuidadores y a las personas queridas, o las pueden acusar de robarles objetos, o de tenerlos recluidos en contra de su voluntad. Todo el proceso resulta alarmante para quienes los cuidan, puesto que no se puede razonar con ellos. Se cree que el trastorno del atardecer se debe a la mala calidad del sueño que se produce durante la enfermedad de Alzheimer, en combinación con la pérdida de neuronas.

ALUCINACIONES E IDEAS DELIRANTES

Las alucinaciones son percepciones aparentes de signos y sonidos que en realidad no existen. Esta alteración de la percepción la padecen por lo menos el 25 % de los enfermos de Alzheimer. La palabra «alucinación» proviene del latín, y significa «desvarío de la mente». Aunque las alucinaciones pueden implicar a cualquiera de los cinco sentidos, en la enfermedad de Alzheimer casi siempre son visuales (los afectados «ven» cosas que no están ahí). Estas alucinaciones ocurren debido al daño que sufren las neuronas en el cerebro; para la persona constituyen una experiencia totalmente real y a menudo no pueden creer que su interlocutor no perciba también esa realidad. Normalmente vemos las cosas debido a que recibimos señales de objetos externos a través de los ojos; a continuación, esta información se transfiere desde la retina hacia la parte posterior del cerebro, donde se elabora la correspondiente imagen. En la enfermedad de Alzheimer, la imagen se produce en el mismo interior del cerebro, sin ningún estímulo externo, y se une a lo que los ojos están viendo en ese mismo momento. A veces, la alucinación es una mala interpretación de lo que realmente está allí; por ejemplo, un movimiento de la cortina de una ventana en un dormitorio oscuro se «ve» como un intruso. Naturalmente, el fenómeno es muy perturbador, tanto para la persona que lo padece como para quien la cuida. En bastantes ocasiones, las alucinaciones que se padecen con el Alzheimer incluyen a personas, como parientes muertos que vienen a visitar al enfermo. Al igual que los sueños, las alucinaciones casi siempre tienen un importante componente emocional. Quienes las padecen suelen quedar bastante alterados por la visión, puesto que desencadena una respuesta de temor, tristeza, enfado u otra similar. También es muy perturbador constatar que nadie más ve lo que el enfermo percibe. A menudo esto alimenta los sentimientos de desconfianza o las paranoias.

Las ideas delirantes son otro problema frecuente cuando se padece Alzheimer, y se da en más del 75 % de los enfermos. Se trata sencillamente de creencias equivocadas o de juicios de valor irrazonables. El término proviene del latín y significa «falsa percepción». Una persona con este trastorno se aferra a una creencia sin tener pruebas razonables de la misma y, pese a que existan pruebas razonables en contra. Todo el mundo se da cuenta de que esa creencia carece de fundamento, pero el enfermo sigue firmemente convencido. Pese a la profunda pérdida de memoria que se produce, a menudo las falsas percepciones se prolongan durante largos períodos de tiempo.

Las ideas delirantes de los enfermos de Alzheimer tienen unas características comunes y suelen tener naturaleza paranoide. Por ejemplo, el 40 % de los enfermos sospechan que sus cónyuges o sus cuidadores les esconden objetos a propósito o se los roban; y el 25 % creen que viven encarcelados en habitaciones o en lugares ajenos. «Lléveme a casa», piden con frecuencia, pese a que es evidente que ya se encuentran en su casa. Auguste D., la paciente del doctor Alzheimer, padecía unos celos injustificados respecto a la supuesta infidelidad de su marido. Muchos enfermos creen que todavía están trabajando, o que sus familiares muertos (especialmente los padres) están vivos. Algunos insisten en que sus cuidadores son de hecho su madre o su padre. Esto puede deberse a que el cuidador haya asumido muchos de los roles de los padres (como dar de comer y vestir) que hacen recordar al enfermo su niñez. A menudo, piensan que los personajes televisivos son reales y que es posible conversar con ellos; o, como en el caso de Roy, que la imagen en el espejo no es la suya, sino la de un intruso o la de un impostor. En una específica idea delirante denominada «síndrome Capgras», la persona cree que su cónyuge ha sido sustituido por un impostor de idéntica apariencia.

Obviamente, muchas de estas ideas delirantes son dolorosas para el entorno familiar y los seres queridos, puesto que cuestionan el amor desinteresado y la confianza que constituyen la base de las relaciones.

ALTERACIONES EN LOS NIVELES DE ACTIVIDAD

A medida que la enfermedad progresa, muchas personas son incapaces de canalizar su energía de manera que sea productiva socialmente (como ir al trabajo o limpiar la casa) y tampoco pueden organizar la compleja secuencia de acciones físicas que exigen muchas actividades lúdicas, como montar en bicicleta, jugar a los bolos, seguir una clase de educación física, etc. No son las neuronas que *controlan* los movimientos motores las que quedan dañadas en una fase inicial de la enfermedad (de hecho, se mantienen indemnes hasta muy avanzado el proceso patológico), sino que las neuronas afectadas son las que *organizan* la secuencia de los eventos motores complejos. Por lo tanto, las personas que padecen esta enfermedad no canalizan su energía de una forma adecuada, de modo que las alteraciones en los niveles de actividad son habituales. Estas personas sufren toda la frustración y la ansiedad de su estado con una fuerza motora esencialmente normal, pero sin la organización y la dirección de los centros cerebrales superiores. Existen tres variantes habituales de modelo de alteraciones de la actividad física.

Deambulación impaciente. Se trata de un tipo de andar dirigido. La persona parece tener prisa, como si se dirigiera a algún lugar con determinación. A menudo tiene un propósito determinado («Me dirijo a casa») y frecuentemente este actuar viene acompañado de una intensidad emocional («Tengo que ir *ahora*»). No es fácil impedir que ande, o distraerla una vez que ha iniciado la actividad, aunque normalmente el modelo de actividad es circular y no alcanza nunca su destino.

Deambulación errante. Se trata de una forma de andar sin sentido, más relajada. La persona transita de una habitación a otra. A veces parece que esté buscando algo, aunque no siempre tiene conciencia de cuál es el «objeto perdido». Este modelo de actividad puede estar asociado a ideas delirantes, como la búsqueda de algo perdido o de un familiar. Cuando se da esta circunstancia, el trastorno se presenta junto a una considerable ansiedad.

Movimientos resueltos repetitivos. Con frecuencia estos enfermos repiten actividades sencillas una y otra vez (como ordenar el contenido de un cajón, arreglar la vivienda, alisar los bordes de un mantel o de una colcha, doblar y desdoblar un pañuelo, o escribir cartas incomprensibles en un cuaderno). Detrás de todas estas actividades existe un cierto propósito superficial o fuerza conductora (el enfermo *tiene* que hacer eso), pero el objetivo no se suele poder cumplir. A este comportamiento contribuyen la combinación de la pérdida de memoria con las ideas delirantes, y la incesante repetición de preguntas o afirmaciones causa fastidio y frustración al cuidador. En ocasiones este tipo de comportamiento (como frotarse o lavarse las manos continuamente) es incluso perjudicial y puede ser muy difícil de contener. Una vez más, no resulta fácil evitar que el enfermo realice esos movimientos repetitivos; es como si la orden que compeliera a realizar esas actividades fuera muy contundente y tuviera que obedecerse.

AGRESIÓN

Lamentablemente, muchas personas con Alzheimer se vuelven agresivas durante el curso de la enfermedad. Es posible que tuvieran una tendencia a este comportamiento antes de la aparición del trastorno, pero suele tratarse de una actitud totalmente fuera de lugar que perturba enormemente a los cuidadores. La agresión refleja la progresiva pérdida de neuronas, la cual provoca cambios en la personalidad del individuo y en los mecanismos de control emocional. La agresividad no es premeditada y el enfermo ni tan siquiera puede controlarla; simplemente refleja la existencia de la patología en el área del cerebro que suele mantener el enfado y la furia dentro de ciertos límites.

Los insultos son habituales y a menudo estos arrebatos son consecuencia de la frustración que provoca el no ser capaz de comunicar una situación concreta. Son frecuentes e incluso incesantes las maldiciones o el uso de palabrotas. A veces se profieren con enojo, de forma repetida, palabras sin sentido o interjecciones, lo cual refleja el deterioro que sufren los centros del lenguaje.

En el 25 % de los casos se dan agresiones físicas, que pueden consistir en propinar golpes, mordiscos, arañazos, bofetadas, pellizcos o agarrones. Las agresiones físicas que sufren los cuidadores siempre son muy dolorosas desde el punto de vista psicológico.

Un tipo distinto de agresión que se puede observar en algunos enfermos consiste en adoptar una postura de negatividad, oponiéndose de forma activa a que los bañen, los vistan, los aseen, etc.

USTED NO ESTÁ SOLO

En muchas comunidades se presta ayuda a través de «amables visitas». Se trata de personas que vienen a su casa como voluntarios o trabajadores sociales de alguna asociación contra el Alzheimer. Su función simplemente consiste en sentarse y conversar; o tal vez en llevarse al enfermo a dar un paseo. Su presencia y talante comprensivo constituyen un bienvenido descanso para el cuidador y una agradable distracción para el enfermo. Muchos de estos visitantes tienen también un gran caudal de conocimientos y experiencia con respecto a la enfermedad de Alzheimer.

Pregunte en alguna asociación local si prestan este tipo de asistencia, y también por el Registro de Personas Perdidas (un sistema de identificación fotográfica que lleva consigo la persona con Alzheimer y de la que la policía lleva un registro, de forma que si alguien con esta enfermedad se pierde puede ser rápidamente encontrada y conducida a su casa).

Reacción catastrófica

Un tipo especialmente conflictivo de agresión es la «reacción catastrófica». Se trata de un arrebato de ira grave y de una agresión que vienen originados por motivos o situaciones aparentemente triviales. La respuesta es emocional e inadecuada y consiste en gritos, agresiones físicas y ataques de furia. Muchas veces se debe a la falta de capacidad de la persona para afrontar la reacción emocional que le produce una situación. Ante unas circunstancias que no se pueden manejar, se articula una respuesta consistente en gritos descontrolados, agitación extrema, combatividad o arrebatos de furia.

Las reacciones catastróficas pueden tener lugar en el contexto de una actividad normal, como un baño; sin embargo, son más frecuentes cuando el ánimo del enfermo ya ha adquirido una cierta inestabilidad debido a cambios repentinos en el entorno, como el ingreso en un hospital, u otros factores causantes de estrés. El enfado o la frustración de los cuidadores pueden ser también un factor desencadenante de las reacciones catastróficas, como lo pueden ser los accidentes o las tareas demasiado complicadas para que las pueda llevar a cabo el enfermo.

Las reacciones catastróficas reflejan la tensión subyacente y la frustración que provoca la enfermedad. Dado que la fuerza motora se conserva bien hasta la fase final de la enfermedad de Alzheimer, estas reacciones pueden ser muy intimidatorias, destructivas y peligrosas.

TRASTORNOS DEL ESTADO DE ÁNIMO

En las personas que sufren la enfermedad de Alzheimer son frecuentes los trastornos del estado de ánimo. Los sentimientos quedan afectados en un grado mayor del que imaginamos. No sólo el daño que se sufre en áreas específicas del cerebro, sino también la terrible constatación de ese daño y el curso natural de la enfermedad tienen tres consecuencias comunes en el estado emocional de las personas con Alzheimer.

Depresión. Se da en más de la mitad de los enfermos de Alzheimer y se caracteriza por el retraimiento, la desesperación, los lloros y la pérdida del interés por los placeres de la vida. Estos sentimientos de tristeza están normalmente asociados al deterioro de los hábitos del sueño, a la fatiga y a los cambios en el peso.

EL DIAGNÓSTICO DE LA DEPRESIÓN

La depresión es habitual en los ancianos y es muy frecuente entre quienes padecen la enfermedad de Alzheimer. En un estudio realizado, casi el 50 % de las personas que sufrían Alzheimer tenían depresión. Es importante identificar la depresión porque el tratamiento puede mejorar significativamente la calidad de vida del enfermo. Para identificar la depresión hay que fijarse en los siguientes síntomas:

- Tristeza persistente y una pérdida de interés por los placeres de la vida.
- Abandono de las relaciones sociales.
- Cambios en el peso, insomnio, pérdida de apetito y de energía.
- Sentimientos de falta de valor.
- Pensar en la muerte y en el suicidio.

La presencia de una depresión puede hacer que la enfermedad de Alzheimer sea mucho peor, dado que la depresión provoca el enlentecimiento del proceso de pensar, así como un deterioro de la comprensión y la percepción. La depresión dificulta mucho la capacidad de concentración, por lo cual el aprendizaje empeora y la memoria falla. Sin embargo, la mayoría de depresiones responden bien a los medicamentos por vía oral y su tratamiento mejora enormemente la calidad de vida.

Ansiedad. El exceso de ansiedad es también común en la enfermedad de Alzheimer, especialmente en las fases iniciales. Parte de esta ansiedad se debe a la simple y evidente frustración que provoca el no ser capaz de llevar a cabo tareas elementales, como recordar el nombre del vecino, organizar la economía personal o encontrar el camino de regreso a casa. En ocasiones, la ansiedad se debe a la sensación constante de estar desconectado (perdido) en ambientes nuevos, o a las ideas delirantes características de la fase inicial de la enfermedad. A menudo, las personas están irritables y se disgustan con facilidad; sienten que tienen prisa, se notan agitadas, como si no tuvieran el control de la situación; su preocupación es constante y suelen utilizar frases como «No sé lo que va a pasar», «Estoy tan disgustado», «Supongo que todo irá bien».

Apatía. En la enfermedad de Alzheimer es habitual el auto-abandono y a menudo se presenta en una fase muy temprana de la enfermedad, probablemente como consecuencia de los daños que sufre el lóbulo frontal (que es donde se localizan la comprensión, la motivación y la percepción). Los enfermos no parecen estar demasiado preocupados por sus obvias deficiencias mentales. Simplemente se encogen de hombros como si no les importara y, en lugar de reaccionar con preocupación y alarma, parecen desinteresados por la pérdida de su memoria, los errores que cometen y la confusión en la que están sumidos. Así es posible que digan: «Soy demasiado viejo para este tipo de cosas», o «Ahora, ¿por qué debe interesarme esto a mi edad?». A menudo dejan de encontrarse con sus amigos y familiares, y están emocionalmente pasivos, indiferentes tanto hacia su propio estado y creciente falta de capacidad como hacia el mundo que los rodea. Este tipo de cambio en el estado de ánimo es muy agotador para los cuidadores, dado que la respuesta emocional hacia los seres queridos queda dañada por este frío distanciamiento. El cariño que se les profesa no tiene respuesta y el cuidador se siente utilizado y herido.

Capítulo 4

El diagnóstico de la enfermedad de Alzheimer

La enfermedad de Alzheimer sólo se puede diagnosticar con absoluta certeza después de la muerte, cuando se consigue examinar bajo el microscopio los tejidos cerebrales y se confirman los cambios que son característicos de la enfermedad.

Sin embargo, en el 90 % de los casos, un médico experimentado en el campo de la demencia puede realizar un diagnóstico preciso, antes del fallecimiento del paciente, a través de la combinación de un examen neurológico y de pruebas de laboratorio. La enfermedad de Alzheimer es un trastorno progresivo y, al igual que sucede con otras muchas enfermedades, el diagnóstico se hace más evidente a medida que transcurre el tiempo y se va desarrollando un mayor número de signos y síntomas. Por lo tanto, puede ser bastante difícil diagnosticar la enfermedad de Alzheimer en sus primeros estadios (en los que la pérdida de memoria constituye el principal problema); sin embargo, el diagnóstico se hace más sencillo cuando pasa el tiempo y se manifiestan otros cambios cognitivos (tales como dificultades con el lenguaje, confusión, desorientación, problemas de razonamiento y cálculo, etc.).

EL HISTORIAL ES BÁSICO

Cuando alguien acude al médico con una pérdida de memoria y con trastornos mentales, lo primero que debe hacer el médico es un análisis cuidadoso del historial del problema. Esto incluye la determinación de cuál es exactamente ese problema, durante cuánto tiempo se ha manifestado y cómo afecta al paciente y a las personas que le rodean. También son importantes los detalles sobre las enfermedades anteriormente padecidas, las heridas sufridas y el historial familiar. La mayoría de las veces resulta fundamental la información que se obtiene de algún miembro de la familia (o de los amigos), puesto que muchas personas en una fase inicial del Alzheimer tienen pérdidas de memoria significativas y dificultades de juicio y entendimiento. La entrevista con el paciente suele proporcionar una información limitada, por lo que un familiar acompañante puede facilitar detalles importantes. Durante esta crucial entrevista es posible observar el signo de la «demanda de ayuda»: cuando el paciente no puede recordar un detalle o ignora una respuesta se gira hacia el familiar que le acompaña en busca de ayuda.

EL SENTIDO DEL OLFATO

El nervio olfatorio es el encargado de transportar la sensación olfativa desde la nariz hasta el cerebro medio, donde es percibida. El sentido del olfato disminuye con el Alzheimer y esta pérdida empeora a medida que la enfermedad progresa. El cerebro medio sufre daños ya en las fases iniciales de la enfermedad y ello incide en la pérdida del sentido del olfato. Al principio, las personas no pueden distinguir entre diversos olores. Al final, se pierde por completo esta capacidad. Algunos investigadores creen que las toxinas o las infecciones, hipotéticas causas del Alzheimer, podrían entrar a través de esta vía. De acuerdo con esta teoría, el nervio olfatorio actuaría como conducto, llevando esas sustancias nocivas directamente al cerebro. De forma similar, los fármacos para tratar esta enfermedad podrían algún día ser administrados y transportados directamente al cerebro a través de la vía nasal.

Todos los signos y síntomas del Alzheimer pueden ser consecuencia de la administración de una amplia variedad de fármacos; por esta razón, es esencial elaborar un detallado historial de los medicamentos que se han tomado (tanto los prescritos como los administrados sin receta médica), poniendo especial énfasis en los sedantes, los tranquilizantes, así como en las pastillas para dormir. Constituyen también datos fundamentales que se deben obtener en este momento los detalles respecto al posible abuso de bebidas alcohólicas, la educación recibida, la experiencia laboral, la exposición a sustancias químicas tóxicas, el historial psiquiátrico (especialmente la depresión) y cualquier cambio reciente en el estado emocional del paciente o en los factores de estrés que pueda haber sufrido.

ENFERMEDAD DE ALZHEIMER REVERSIBLE

Martha había sido toda su vida bibliotecaria en un colegio, compartiendo con los niños la pasión por la lectura y por las aventuras plasmadas en las ilustraciones. Cuando se jubiló, se encerró en sí misma y se enclaustró en su pequeña casa. Siempre había llevado gafas y durante años había tenido que soportar bromas sin mala fe de los jóvenes estudiantes debido al grosor de los cristales. Cuando sus vecinos se dieron cuenta de que apenas salía, se esforzaron especialmente para sacarla de vez en cuando a pasear; sin embargo, a menudo se desanimaban al ver el estado en que se encontraba su casa, pues era una verdadera calamidad. La suciedad cubría las paredes, la superficie de la cocina estaba llena de grasa y todos los rincones estaban atestados de basura. Se apoderaba de ellos la convicción de que la querida bibliotecaria se estaba volviendo «senil». Todos quedaron muy sorprendidos cuando el doctor no confirmó su diagnóstico y en cambio prescribió la realización de una operación ocular para eliminar las densas cataratas que habían empeorado la pésima visión que había tenido a lo largo de toda su vida. Los vecinos no podían dar crédito al cambio que había experimentado Martha después de la intervención quirúrgica, cuando de nuevo pudo ver. Se sentía mucho más feliz, era capaz de salir y de efectuar las labores del jardín y de comprar. Y por primera vez en mucho tiempo podía ver lo sórdido que se había vuelto su hogar. Los vecinos la ayudaron a limpiar su pequeña casa, que durante años se había cubierto de polvo y suciedad. Su «senilidad» había desaparecido.

EL EXAMEN FÍSICO

Después de que se haya elaborado el historial, normalmente el paciente se tiene que someter a un completo examen físico para descartar otras enfermedades que puedan constituir la causa del problema. Se presta especial atención al examen neurológico. Aunque en la enfermedad de Alzheimer no existen signos diagnósticos neurológicos específicos, la rigidez de movimientos, la postura encorvada y algunos cambios sutiles en los reflejos pueden dar la clave.

El médico debe prestar atención al oído y a la vista. En los ancianos una mala audición o una visión deficiente suelen provocar, o empeorar, la confusión y la desorientación, al tiempo que disminuyen la concentración y la funcionalidad mental. Normalmente, en la enfermedad de Alzheimer el sentido del olfato disminuye o desaparece, pero en los ancianos esto es habitual debido a otras causas.

EVALUACIÓN DE LA FUNCIÓN CEREBRAL

El siguiente paso en el proceso diagnóstico es el más importante y consiste en evaluar, a través de la realización de un test psicológico, el funcionamiento del cerebro. Se pide al paciente que, con la ayuda del examinador, conteste unas preguntas y realice una serie de tareas sencillas, las cuales han sido cuidadosamente diseñadas para poner de manifiesto los problemas que pueden existir con el pensamiento, el razonamiento y el cálculo. El test más empleado para este fin es el Mini-examen estandarizado del estado mental (MEEEM). Es importante leerlo para constatar lo extremadamente anormales que pueden ser las respuestas de las personas que padecen la enfermedad de Alzheimer. (Fíjese también en los materiales que precisa.) La mayoría de ancianos no tienen problemas en conseguir la máxima puntuación; de hecho, los resultados que oscilan entre 26 y 30 puntos se consideran normales. Las puntuaciones comprendidas entre 18 y 26 muestran la existencia de unos leves aunque significativos problemas mentales. Finalmente, los resultados inferiores a 18 indican una pérdida de la capacidad de razonamiento entre moderada y grave.

Para diagnosticar depresión y otros problemas psiquiátricos se pueden efectuar otras pruebas psicológicas específicas adicionales, dado que los síntomas de estos trastornos pueden ser similares a los característicos de la enfermedad de Alzheimer.

MINI-EXAMEN ESTANDARIZADO DEL ESTADO MENTAL (MEEEM)

Voy a efectuarle algunas preguntas y a plantearle algunos problemas que deberá solucionar. Por favor, trate de contestar lo mejor que pueda.

Puntuación
máxima

1. *(Deje 10 segundos para cada respuesta.)*
   a) ¿En qué año estamos?   1
      (Acepte únicamente la respuesta correcta.)
   b) ¿En qué estación nos encontramos?   1
      *(Durante la última o durante la primera semana de una
      estación acepte como respuesta correcta ambas estaciones.)*
   c) ¿En qué mes del año estamos?   1
      *(Tanto el primer día del mes como el último
      acepte como respuesta correcta ambos meses.)*
   d) ¿Qué día del mes es hoy?   1
      *(Acepte como respuestas correctas los días anterior y posterior;
      por ejemplo, el día 7 acepte como válidos los días 6 y 8.)*
   e) ¿Qué día de la semana es hoy?   1
      (Acepte únicamente la respuesta correcta.)

2. *(Deje 10 segundos para cada respuesta.)*
   a) ¿En qué país estamos?   1
   b) ¿En qué provincia/región/condado... nos encontramos?   1
      (Acepte únicamente la respuesta correcta.)
   c) ¿En qué ciudad/pueblo estamos?   1
      (Acepte únicamente la respuesta correcta.)
   d) *(En la clínica)* ¿Cuál es el nombre de este
      hospital/clínica?   1
      *(Acepte únicamente el nombre exacto del hospital
      o institución.)*
      (En el domicilio) ¿Cuál es la dirección en la que
      se encuentra esta casa?   1
      (Acepte únicamente la respuesta correcta.)
   e) ¿En qué piso nos encontramos?   1

3. Le voy a dar el nombre de tres cosas. Después de decirle los
   tres nombres quiero que los repita. Recuerde de qué objetos
   se trata, ya que transcurridos unos minutos se los volveré
   a preguntar.
   *(Diga los tres nombres despacio, en intervalos aproximados
   de un segundo.)*
   Sal   Mar   Pan

Para una utilización repetida:

Mal   Bar   Fan
Tal   Lar   Can
Cal   Par   Gran

Por favor repítame los tres nombres.   3
(Dé un punto a cada respuesta correcta al primer intento.
Deje 20 segundos para contestar en caso de que la persona
no repita los tres nombres. Repita los nombres hasta que
la persona los aprenda, pero un máximo de cinco veces.)

4. Deletree la palabra MUNDO.   5
    (Puede ayudar a la persona a deletrear la palabra
    correctamente.)
    Ahora, por favor, deletree la palabra al revés.
    (Deje 30 segundos para deletrear la palabra al revés. Si la
    persona no puede deletrear la palabra «mundo» ni con ayuda,
    puntúe con 0.)

5. Ahora, ¿cuáles eran los nombres de las tres cosas
    que le he pedido que recordara?   3
    Sal   Mar   Pan
    (Dé 1 punto a cada respuesta correcta, independientemente
    del orden en que se digan los nombres; deje 10 segundos
    para contestar.)

6. Muestre el reloj de pulsera.
    Pregunte: «¿Cómo se llama esto?».   1
    (Dé 1 punto a la respuesta correcta. Acepte «reloj
    de pulsera» o «reloj». No acepte «hora» u otros
    términos. Conceda 10 segundos.)

7. Muestre un lápiz.
    Pregunte: «¿Cómo se llama este objeto?».   1
    (Dé 1 punto a la respuesta correcta. Acepte únicamente
    «lápiz»; puntúe con 0 «bolígrafo»)

8. Me gustaría que repitiera una frase que le voy a decir:
    «Sin condiciones, términos ni salvedades».   1
    (Deje 10 segundos para contestar. Dé 1 punto si se repite
    la frase correctamente. La respuesta debe ser exacta;
    por ejemplo, no es válido «sin condiciones ni salvedades»
    y debe puntuarse con 0.)

9. Diga: «Lea las palabras escritas en esta página y haga
    lo que en ella se dice». Sostenga una hoja en la que diga:
    CIERRE LOS OJOS.   1

*(Si la persona únicamente lee la frase y no cierra
los ojos, usted puede repetirle hasta un máximo de tres
veces la frase: «Lea las palabras escritas en esta página
y haga lo que en ella se dice». Deje 10 segundos para
contestar. Únicamente debe dar 1 punto si el sujeto
cierra los ojos. No tiene por qué leer la frase en voz alta.)*

10. Pregúntele a la persona si es diestra o zurda.   3
   *(Coja un trozo de papel, sosténgalo delante del sujeto
   y dígale: «Coja este papel con su mano derecha/izquierda
   [diga "izquierda" si es diestro y "derecha" si es zurdo],
   doble el papel por la mitad con ambas manos y coloque
   el papel en el suelo».)*
   Coja el papel con la mano indicada.
   Dóblelo por la mitad.
   Colóquelo en el suelo.
   *(Conceda 30 segundos. Dé 1 punto por cada instrucción
   que haya sido ejecutada correctamente.)*

11. Ofrézcale a la persona lápiz y papel.   1
   Dígale: «Escriba una frase completa cualquiera
   en este trozo de papel».
   *(Deje 30 segundos para responder. Dé 1 punto. La frase debe
   tener sentido. No tenga en cuenta las faltas de ortografía.)*

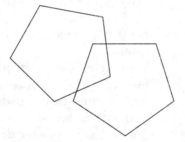

12. Coloque este dibujo, un lápiz, una goma y un papel
   frente a la persona.   1
   Dígale: «Copie este dibujo, por favor».
   *(Permita varios intentos antes de que la persona dé por
   finalizado el dibujo y se lo entregue. Se debe haber dibujado
   una figura de cuatro lados situada entre dos figuras de cinco
   lados. El tiempo máximo es de 1 minuto.)*

Resultado total del test   30

ANÁLISIS DE LABORATORIO

Los análisis de sangre en el laboratorio también forman parte del proceso diagnóstico, pero debido a que para la enfermedad de Alzheimer no existen análisis de sangre o indicadores específicos, estos análisis se realizan principalmente para descartar otras causas de los trastornos mentales y de la pérdida de memoria.

ANÁLISIS DE SANGRE QUE SE REALIZAN EN EL DIAGNÓSTICO DE LA ENFERMEDAD DE ALZHEIMER

Análisis	*Motivos*
Hemograma completo	La anemia puede provocar muchos de los síntomas de la demencia.
B_{12} y ácido fólico	Un déficit de vitamina B_{12} puede provocar demencia.
Azúcar en sangre	La diabetes puede causar demencia si el nivel de azúcar en sangre es demasiado alto o demasiado bajo.
Función renal	Los fallos renales pueden provocar problemas mentales.
Sida y VDRL (sífilis)	Estas infecciones pueden ocasionar demencia.
Hormona tiroidea	Unos niveles altos o bajos de esta hormona provocan incapacidad mental.
Electrólitos	Los desequilibrios pueden causar síntomas de demencia.
Calcio	Las anomalías pueden dañar la función cerebral.
Función hepática	Las disfunciones pueden tener como consecuencia síntomas de demencia.

Dependiendo de cada caso individualmente considerado, se pueden prescribir otros tests.

TÉCNICAS DE DIAGNÓSTICO POR LA IMAGEN

Lo ideal para diagnosticar la enfermedad de Alzheimer es la observación del cerebro y en esto consiste la siguiente fase del proceso: intentar obtener una representación gráfica de la pérdida de neuronas y de otros cambios que caracterizan la enfermedad. Existen tres técnicas distintas.

TC o TAC (tomografía axial computadorizada). El paciente yace en el interior de un tubo largo y hueco que contiene un aparato de rayos-X, el cual obtiene una serie de fotografías de una secuencia de «cortes» cerebrales. De esta manera se elabora una imagen tridimensional del interior del cerebro. A menudo, la TC en la enfermedad de Alzheimer muestra atrofia o encogimiento del cerebro. Sin embargo, los cerebros de las personas mayores se suelen atrofiar a medida que envejecen, por lo cual el proceso de la pérdida de células cerebrales no constituye un diagnóstico. Algunas técnicas de tomografía axial computadorizada son tan precisas que con ellas se puede diagnosticar la enfermedad de Alzheimer con un alto grado de probabilidad examinando la pérdida de volumen de partes específicas del cerebro (tales como el hipocampo, el lugar donde se localiza la memoria a corto plazo). En el proceso diagnóstico, la TC también es útil porque sirve para descartar otras causas de función mental anormal (por ejemplo, pequeñas apoplejías múltiples, tumores cerebrales o hidrocefalia).

RMN (resonancia magnética nuclear). Para obtener este tipo de imagen del cerebro no se utilizan rayos-X. Esta técnica consiste en medir las minúsculas cargas energéticas que emiten los tejidos humanos al ser brevemente expuestos a un fuerte campo magnético. Con este método se obtiene un análisis mucho más detallado de las estructuras cerebrales que con la tomografía axial computadorizada. A menudo, es posible percibir cambios anatómicos más pequeños (tales como pequeñas apoplejías múltiples).

SPECT (Single Photon Emission Computed Tomography) (tomografía simple de emisión de fotones computadorizada) o PET (Positron Emission Tomography) (tomografía de emisión de positrones). Tanto la TC como la RMN muestran únicamente los cambios estructurales (la pérdida de neuronas característica de la en-

CAUSA DE MUERTE

La duración media de la enfermedad, desde el diagnóstico hasta el fallecimiento del paciente, es de ocho a nueve años. La evolución de la enfermedad varía un poco de una persona a otra, pero en última instancia acaba dañando el tejido cerebral, conduciendo a una debilidad progresiva y a la inmovilidad. Son los efectos de esta creciente debilidad y no la lesión cerebral primaria los que terminan por matar a quienes sufren este trastorno. En los estadios finales, la persona pierde la capacidad de andar y de deglutir. Cuando ya no puede andar, el enfermo queda postrado en cama y corre el riesgo de desarrollar coágulos sanguíneos, úlceras de decúbito e infecciones. La imposibilidad de deglutir tiene como consecuencia la malnutrición y la neumonía, debido a que se aspira alimento hacia el interior de los pulmones. La mayoría de los enfermos fallecen debido a la neumonía («la acompañante de los ancianos»), a coágulos en los pulmones, a complicaciones derivadas de infecciones en el tracto urinario o a las úlceras de decúbito.

fermedad de Alzheimer), en cambio, la SPECT o la PET puede evaluar un cambio de función del tejido cerebral. Cuando las células cerebrales quedan lesionadas utilizan menos glucosa. Al paciente se le administra una inyección de glucosa (solución de azúcar) con un «marcador» radiactivo y esta sustancia llega hasta el cerebro. Estas dos técnicas miden el uso de la glucosa que hacen diversas áreas del cerebro. En la enfermedad de Alzheimer se produce una disminución del uso de la glucosa en los lóbulos frontal y temporal.

Capítulo 5

Reacciones: negación, enfado y depresión

Aceptar el diagnóstico del Alzheimer es duro. Puede parecer demasiado cruel e injusto. Cuando una persona se entera de que ella, o algún ser querido, padece la enfermedad, antes de terminar por aceptar su situación suele atravesar por cuatro fases: negación, enfado, depresión y regateo. Es normal pasar por estas cuatro fases y no es extraño tener al mismo tiempo sentimientos de negación, de enfado, de tristeza e incluso de aceptación parcial. Es importante reconocer estos sentimientos y aceptarlos como naturales, pero también es importante superarlos, puesto que dañan a todas las personas involucradas. Estas emociones consumen energía del enfermo y constituyen una traba para afrontar las tareas difíciles, como la comunicación, la ayuda, el cuidado y la comprensión. Las personas deprimidas o enfadadas se sienten preocupadas, se distraen y no son capaces de centrarse en la labor que están llevando a cabo. Cuando una persona está malhumorada proyecta su enfado sobre sí misma y sobre los demás.

«QUIERO SABERLO CON SEGURIDAD»

La señora Kent acudió al médico con su hija, Susan, y su marido. Susan había llamado previamente para explicar que su madre había llevado al señor Kent a tres especialistas y que todos ellos le habían dicho que su marido padecía la enfermedad de Alzheimer. Cuando los médicos mencionaban la enfermedad, la señora Kent nunca regresaba a la consulta. Se enfadaba cuando alguien intentaba que aceptara la realidad.

El problema es que no se puede diagnosticar el Alzheimer con una certeza del 100 % a no ser que se efectúe una biopsia del cerebro. Esta intervención es muy cruenta: requiere perforar el cráneo y extirpar un trozo de tejido cerebral. Si la biopsia del tejido cerebral muestra los cambios físicos inequívocos del Alzheimer, la afección se denomina Alzheimer «definitivo». Sin embargo, la biopsia no hace que cambie el tratamiento y por ello no se practica. El médico de cabecera y los especialistas que estudiaron la pérdida de memoria del señor Kent con análisis de sangre y una TC del cerebro diagnosticaron que la causa de esa pérdida de memoria «probablemente» era la enfermedad de Alzheimer.

Aunque un diagnóstico sin una biopsia se denomina «probable», tiene una certeza de aproximadamente el 90 %. No obstante, la señora Kent oyó «probable» y se aferró a esta palabra. Ella quería una respuesta definitiva y el término «probable» le hacía suponer que los médicos estaban únicamente ofreciendo una conjetura. Se centró en la incertidumbre y eludió cualquier otra circunstancia. Cuando el médico de cabecera rehusaba enviar a su marido a otro especialista, ella cambiaba de médico de cabecera y conseguía una visita con nuevos médicos. Daba vueltas y vueltas sobre la misma cuestión. No permitía que acudieran a su casa trabajadores sociales y telefoneaba a Susan cada día quejándose, diciéndole que estaba exhausta y recriminándole que no la ayudaba lo suficiente.

El pobre señor Kent no recibía ningún tipo de ayuda. Vivía con una mujer iracunda que lo culpaba de todo. No era de extrañar que el señor Kent fuera muy difícil de controlar. En el despacho del médico se mostraba inquieto. Abandonaba la habitación buscando a su mujer. Cuando la señora Kent estaba con su marido, éste no dejaba de tirar de ella y de insistirle para que se marcharan a casa. El señor Kent era incapaz de mantener la atención mucho rato y no podía permanecer sentado hablando, mirando un libro o relajándose. Constantemente iba de un lugar a otro. Necesitaba que le prestaran atención de forma permanente. Por la noche se levantaba y salía de casa para pasear. Durante el día, en cambio, mientras su mujer hacía el trabajo de la casa, él dormía. La señora Kent estaba exhausta, hastiada, sola y aislada.

Cuando terminó la evaluación de su marido, el médico se sentó con la señora Kent y le preguntó a cuántos médicos había acudido anteriormente. Ella respondió con una mirada desafiante: «Unos cuantos». A continuación él se interesó por la respuesta que había obtenido de los demás profesionales, a lo que ella contestó: «Desconocen cuál es el problema. Me han dicho que no estaban seguros». Entonces él le preguntó cuál creía ella que era la enfermedad de su marido y la mujer respondió: «Ninguno de ellos me ha dicho con seguridad que tuviera Alzheimer. Únicamente apuntaron esa posibilidad».

El médico explicó a la señora Kent que él estaba seguro de que su esposo sufría la enfermedad de Alzheimer. Ella se puso furiosa y tuvo un arrebato de genio: «Ya veo, pero ¿tiene usted la certeza?». Él replicó: «Sí, se trata de Alzheimer. Estoy seguro». La mujer se alteró aún más: «¿Tiene usted el total convencimiento? ¿Lo puede decir con una seguridad del 100 %?». El médico contestó con sinceridad: «No, nadie la tiene. Suya es la opción de acudir a más especialistas y oír una y otra vez lo mismo, o bien escucharme a mí, prestar crédito a lo que le digo e intentar aceptarlo. Si usted no escucha y no acepta la ayuda, terminará enfermando y no podrá seguir cuidando a su marido. Esto la alejará de su familia y su esposo acabará en un geriátrico antes de lo debido. Usted mantiene la esperanza de una curación. Pues bien, puedo asegurarle ahora, con un 100 % de seguridad que no existe ninguna curación. Se niega a aceptar la evidencia y se enfada. Tiene que superar este enojo. Tiene que asumir la enfermedad, o ella acabará con los dos. Este enfado está destrozando su vida. Si usted desea ayuda, yo se la daré. De lo contrario ya puede usted marcharse ahora mismo. Es su elección. Yo puedo ayudarle si usted se deja. De otra manera seguirá donde está, sola, aislada, sufriendo, encallada como un coche en el barro, con las ruedas patinando».

La señora Kent se levantó para marcharse. La negación es como una pared. Se tiene que trabajar con ahínco para derribarla, repitiendo lo mismo una y otra vez. Al final se consigue que se venga abajo. El médico sabía que con alguna tentativa más lograría el objetivo. Cambió el tono de voz y le tendió las manos.

«Señora Kent, por favor, escúcheme. Hago este trabajo cada día. He visitado a más de cinco mil personas con esta enfermedad y he visto a sus familias. Esta negación le está haciendo daño a usted, a su marido y a su hija. A menos que abandone esta postura y deje de estar enfadada y deprimida, nadie podrá ayudarla. Cuando alguien trata de auxiliarla usted lo rechaza.

»Usted espera que le digan que su marido no tiene la enfermedad de Alzheimer, pero esto no sucederá. Se enfada conmigo porque le digo lo mismo que le han dicho otros médicos. Tiene miedo

---

EL DIAGNÓSTICO DE LA ENFERMEDAD DE ALZHEIMER

Los médicos han ideado un sistema de clasificación para el diagnóstico de la enfermedad de Alzheimer basado en los grados relativos de certeza.

- *Enfermedad de Alzheimer definitiva*
  En el momento en el que se realiza la autopsia a alguien con los signos y síntomas típicos se encuentran pruebas microscópicas de los cambios característicos que se producen en el cerebro.
- *Enfermedad de Alzheimer probable*
  Se trata del diagnóstico más común en vida del paciente. Se puede efectuar con confianza en quien experimente la típica aparición y el lento progreso de la incapacidad mental característica de esta enfermedad y que no padezca otro trastorno mental sistémico que pudiera ser la causa de la pérdida de memoria y de otros cambios cognitivos.
- *Enfermedad de Alzheimer posible*
  Es el diagnóstico que se suele dar a quienes están en una fase inicial de la enfermedad, antes de que se observen todos los rasgos característicos pero cuando no se encuentra otra causa o enfermedad que pueda explicar las dificultades memorísticas y la disminución de la función mental.

Este sistema de clasificación es muy preciso. En un estudio realizado, en el 90 % de los casos en los que se había diagnosticado enfermedad de Alzheimer «probable», el diagnóstico se confirmó después al realizar la autopsia y observar los cambios anatomopatológicos.

del diagnóstico y haría cualquier cosa por evitarlo. Sin embargo, es inevitable. Convénzase de una vez. Afrontémoslo juntos. Si usted me deja, yo la ayudaré. Pero tiene que escucharme. Si lo desea, seré su terapeuta. No se culpe a sí misma. No culpe a su esposo, deje que le ayude. Él necesita nuestra ayuda.»

La señora Kent dudaba en la puerta, no sabía si quedarse o marchar. Al final se desplomó en una silla. Empezó a llorar, pero el médico finalmente había conseguido vencer su resistencia. Pasadas las lágrimas hablaron durante mucho rato, y después de esta ocasión ella acudió a verlo regularmente.

EL ENFRENTAMIENTO AL ENFADO Y A LA DEPRESIÓN

El enfado es una emoción muy peligrosa. Se trata de un sentimiento intenso y difícil de controlar. Convivir con personas iracundas es difícil; son agotadoras. El enfado genera más enfado y lo peor que se puede hacer con alguien enfurecido es enfurecerse con él. Cuando una persona se encuentra en ese estado lo mejor es dejar que la cólera pase. No debe reaccionarse hasta que el enfado se haya extinguido. Entonces es posible intervenir para tratar de ayudar.

La depresión puede manifestarse de muchas formas distintas: trastornos del sueño, pérdida del apetito, aumento de peso, pérdida de las energías, ansiedad, autoabandono e incluso suicidio. El aspecto positivo es que existen muchas maneras efectivas de tratar la depresión. Sin embargo, hay que tener en cuenta que la depresión puede conducir también al enfado y que para tratar este trastorno no hay ningún fármaco. Para afrontar el enfado hay que aprender a dominarse, tener paciencia y ser consciente de que es un problema que requiere tiempo. En primer lugar es importante saber identificar ese sentimiento, tanto en uno mismo como en los demás; a continuación hay que dejar fluir las emociones. El enfado y la depresión que se manifiestan al diagnosticarse la enfermedad de Alzheimer son normales, pero sin embargo debilitan. Para tratar el enfado y terminar aceptando la enfermedad se precisa tiempo. En el capítulo 9 se analiza con mayor amplitud el tratamiento del enfado y la depresión.

LOS MALOS TRATOS A LOS ANCIANOS

Posiblemente, las personas que padecen Alzheimer son más vulnerables a los malos tratos que cualquier otro grupo social. Aproximadamente, el 4 % de los ancianos son víctimas de malos tratos por un miembro de su familia, un amigo o un cuidador. El riesgo para los ancianos aumenta si las relaciones familiares están deterioradas, o si los cuidadores ingieren sustancias psicotrópicas, padecen problemas emocionales o psiquiátricos o se sienten obligados a prestar la asistencia. Los autores de los malos tratos suelen depender de los ancianos y éstos, a su vez, suelen depender de los maltratadores. Se trata pues de una dependencia recíproca. Es posible que el maltrato no sea intencional. Normalmente la situación empeora con el tiempo. Uno de los grandes problemas es que, debido a que los ancianos suelen depender de quienes les maltratan o están vinculados a ellos, a menudo se sienten responsables, temerosos o avergonzados de denunciar este comportamiento.

Signos de abuso

- Es posible que el anciano esté deprimido, ansioso o le tenga miedo al maltratador.
- Su comportamiento cambia cuando el maltratador está presente.
- A veces el anciano no habla de sí mismo y todos sus comentarios se refieren al maltratador.
- Es posible que el cuidador sea agresivo o profiera insultos, o que hable en lugar del anciano.
- También cabe la posibilidad de que el maltratador muestre un excesivo celo por el anciano.
- Las citas no se cumplen.
- Desaparece dinero.
- Hay demoras en procurar el tratamiento o la asistencia.
- El anciano presenta magulladuras o rasguños inexplicables.
- El anciano lleva un nivel de vida inferior al que se podría permitir y la comida, el vestuario o las condiciones de habitabilidad son inadecuados.
- El cuidador, de forma deliberada, aísla o separa al anciano del resto de su familia o de sus amigos, o es posible que no permita que el anciano se quede a solas con otras personas.

Si usted sospecha que alguien cercano a usted está sufriendo malos tratos, escuche a esa persona y trate de entrevistarse con ella de forma que el presunto autor de los malos tratos no sospeche. Trate de entender la relación y el motivo por el cual se comporta así. No le eche la culpa al maltratador; preste su ayuda. A menudo, la persona que infringe los malos tratos proporciona mucho apoyo al anciano; es importante pues respaldar a ambos. Obtenga ayuda de los cuidadores profesionales, la familia, los amigos, los médicos o de algún clérigo. Lo primero que debe hacerse es ganarse la confianza del maltratador y del anciano maltratado. Muchas veces no es posible separar a ambas personas porque se necesitan mutuamente. En la mayoría de los casos, lo mejor que se puede hacer es proporcionar ayuda a ambos. Los malos tratos son una situación compleja y difícil, que frecuentemente es crónica y complicada de resolver.

Si es usted quien padece Alzheimer tal vez le resulte útil evaluar cómo sobrelleva la situación. ¿Adopta una actitud de negación, está enfadado o deprimido, o ha aceptado la enfermedad? ¿Está usted plantándole cara a las circunstancias, o se siente desbordado? Antes de aprender a enfrentarse con la enfermedad, debe usted aceptarla, fijarse unos objetivos, concienciarse a sí mismo y llevar a cabo un plan de asistencia. Si usted es un cuidador es posible que tenga sentimientos de inseguridad y que padezca estrés.

No sólo sufre el paciente

Si usted está cuidando a alguien que padece Alzheimer, la enfermedad también repercutirá sobre usted. Toda la familia sufre a consecuencia de los efectos de la enfermedad de Alzheimer. Conteste a las preguntas marcando la casilla correspondiente y compruebe la medida en que la enfermedad le está afectando. Con esta referencia como punto de partida verá con mayor claridad qué problemas tiene. Hasta que no sepa cuáles son esos problemas no podrá empezar a solucionarlos. Recuerde que le será imposible cuidar a una persona que padece Alzheimer si en primer lugar y principalmente no cuida de usted mismo. No se trata de egoísmo, sino de supervivencia. Si no se preocupa de usted, la enfermedad acabará con los dos.

Cuando haya contestado a las 15 preguntas con sinceridad sabrá cómo la enfermedad ha cambiado su vida. Cuanto más alta sea la puntuación que obtenga, mayor será su nivel de estrés. A menudo, los cuidadores se sienten enfadados, frustrados, deprimidos y, por encima de todo, atrapados. Tienen la sensación de ser inútiles, como si no estuvieran haciendo suficiente, como si no prestasen la atención y el cariño necesarios. Las necesidades apremiantes son como un barril sin fondo. Su edad «dorada» se convierte en una pesadilla, al ver cómo su ser querido se desintegra ante sus ojos. Se asombran de cómo Dios puede ser tan cruel y se preguntan: «¿Qué he hecho yo para merecer esto?». No se preocupe si se siente así; es completamente normal. Si tiene la sensación de estar cruzando el umbral de una puerta y de no regresar jamás, esto también es normal. Es necesario que comparta todos estos sentimientos con la familia, los amigos, el médico, o con un grupo de soporte para la enfermedad de Alzheimer. Lo primero que debe hacer es identificar estos sentimientos. A continuación debe explicárselos a personas que los puedan entender y que le puedan prestar la comprensión necesaria. Debe empezar a trabajar con los aspectos más fáciles hasta que pueda afrontar los sentimientos negativos y entonces será capaz de progresar y de tratar las cuestiones más conflictivas, lo cual le permitirá liberarse de ellas y empezar a vivir de nuevo.

El Alzheimer es un camino a recorrer. En ocasiones resulta doloroso, otras veces es triste, a veces es divertido y siempre constituye un reto. Nos reta a que consideremos el propósito y el significado de nuestras vidas. Esta enfermedad pone de manifiesto nuestras cualidades más humanas: amor, compasión y comprensión. Son pocos los que llegan al final de ese camino igual a cómo empezaron. Se trata de una experiencia que cambia a la persona para siempre. Tiene mucho que enseñarnos acerca de la inutilidad de infinidad de valores que previamente se habían ensalzado. El Alzheimer no respeta a la persona por el dinero que pueda tener, ni por su poder, posición o logros en la vida. Crea víctimas y supervivientes. A través de la comprensión de la enfermedad —y del rol de cuidador— usted evitará convertirse en una víctima más del Alzheimer.

LOS CUIDADORES: ¿TIENE USTED ESTOS SENTIMIENTOS?

	Sí	No
1. La persona solicita más ayuda de la que necesita.	[ ]	[ ]
2. Usted pasa demasiado tiempo cuidando al enfermo.	[ ]	[ ]
3. El enfermo le hace enfadar o le provoca resentimiento.	[ ]	[ ]
4. El enfermo le hace sentir triste/deprimido.	[ ]	[ ]
5. El enfermo le hace sentir incómodo o preocupado.	[ ]	[ ]
6. Se siente inseguro respecto a su futuro (por usted y por la persona que cuida).	[ ]	[ ]
7. Le da miedo no ser capaz de costear el cuidado de la persona.	[ ]	[ ]
8. Le asusta la posibilidad de que en un futuro no pueda atender al enfermo.	[ ]	[ ]
9. Su cuidado le pone enfermo.	[ ]	[ ]
10. Su cuidado está perjudicando su vida social.	[ ]	[ ]
11. Su cuidado le está costando mucho dinero.	[ ]	[ ]
12. Su cuidado le está robando su libertad.	[ ]	[ ]
13. Su cuidado está acabando con su intimidad.	[ ]	[ ]
14. Su cuidado está monopolizando su vida.	[ ]	[ ]
15. No le ha prestado el cuidado adecuado.	[ ]	[ ]

Capítulo 6

El cuidado de un enfermo de Alzheimer

Las personas han escuchado tantas historias horrorosas sobre el Alzheimer que comentan: «Mientras no se trate del Alzheimer no me importa. Lo soportaría todo menos esa enfermedad». Se tiene la creencia de que todo el mundo que contrae la enfermedad pierde la dignidad y se vuelve violento y díscolo. Las familias que llegan a entender la enfermedad pueden sobrellevarla bien, preservar la dignidad de la persona y minimizar el sufrimiento.

El dolor es inevitable. En ocasiones lo mejor que se puede hacer es aceptar ese dolor y ayudar a quien lo padece. Los cuidadores deben aprender a desarrollar un plan asistencial y a prestar la asistencia. Uno de los mayores problemas que afrontan, tanto quienes padecen la enfermedad como sus cuidadores, es decidir cómo deben empezar a prestarse los cuidados, puesto que la enfermedad al principio puede parecer abrumadora.

A continuación se expone un plan de cuatro puntos. Con él no se resolverán todos los problemas, pero ayudará a simplificar la vida tanto del enfermo como de los familiares. Empiece por el principio y siga los pasos expuestos. Céntrese cada vez en un aspecto. No trate de hacerlo todo al mismo tiempo.

Hay cuatro preguntas que usted debe plantearse. Cada una de ellas será examinada con detalle en las siguientes secciones.

1. ¿Es esto Alzheimer?
2. ¿En qué fase se encuentra la enfermedad?
3. ¿Cuál es el plan de asistencia global?
4. ¿Cómo se deben abordar los problemas cotidianos?

¿DEBE DECIRSE AL ENFERMO QUE PADECE ALZHEIMER?

A menudo, los familiares, en un intento por proteger a los seres queridos, se plantean la conveniencia de no revelar el diagnóstico al enfermo. Suponen que ocultando la enfermedad a la persona afectada le evitarán toda la angustia y piensan que con ello se facilitará la situación a todo el mundo desde un punto de vista emocional. En ocasiones es el propio paciente el que pide que no se le diga la verdad. Sin embargo, son muchos los grupos, incluyendo asociaciones de lucha contra el Alzheimer, que recomiendan encarecidamente decir la verdad y enfatizan el derecho que toda persona tiene a saber todo cuanto concierne a su mente y a su cuerpo. No explicar la realidad de los hechos socava la confianza, la cual es esencial para unos cuidados adecuados.

El diagnóstico, en realidad, aclara unas ideas y unas actitudes que la mayoría de enfermos ya percibe como anormales y su concreción les permite salvaguardar su dignidad, pues les posibilita entender su declive.

Comunicar el diagnóstico al afectado facilita su participación en las decisiones asistenciales a largo plazo, incluyendo las disposiciones testamentarias, el ingreso en geriátricos, las pruebas con medicamentos, etc. Además, las decisiones cotidianas, como, por ejemplo, cuándo se debe dejar de conducir vehículos o cómo disfrutar con la mayor intensidad de los momentos que le quedan al enfermo, se pueden tomar conjuntamente con la familia. En general, las personas con Alzheimer tienen derecho a conocer cuál es el diagnóstico, incluso cuando es doloroso para ellos.

¿ES ESTO ALZHEIMER?

La enfermedad de Alzheimer provoca una pérdida de la memoria a corto plazo. Si no hay pérdida de memoria no hay Alzheimer. Véase el capítulo 3 que trata sobre la memoria a corto plazo, y el capítulo 4 que versa sobre el diagnóstico del Alzheimer. Antes de seguir adelante se tiene que determinar el diagnóstico. Se deben descartar otras posibles causas de la pérdida de memoria y se tiene que tratar la depresión si ésta existe.

¿En qué fase se encuentra la enfermedad?

El Alzheimer es la demencia progresiva más frecuente. La enfermedad sigue un curso constante y previsible, aunque en cada persona se manifiesta de una forma particular. Es importante determinar, de la forma más precisa posible, en qué fase de la enfermedad se encuentra el paciente. Esto ayuda a entender el motivo por el cual la persona actúa de una determinada manera y también a predecir cómo progresará la enfermedad. De esta forma se podrá seguir un plan que determina cómo actuar en cada una de las distintas fases del Alzheimer y que sirve para desarrollar un programa de asistencia personalizado que tenga en cuenta las distintas necesidades de la persona.

El curso de la enfermedad puede parecer aleatorio pero no lo es. La escala FAST (Functional Assessment Staging [evaluación de la fase funcional]), diseñada por el doctor Barry Reisberg, describe siete fases distintas. Se trata de un sencillo esquema de la enfermedad en el que se señalan las siete fases por las que pasarán los cuidadores y los pacientes. La enfermedad casi siempre sigue este curso, por lo tanto, si se está preparado habrá menos sorpresas. Cuando existe una planificación se afrontan los problemas incluso antes de que se manifiesten.

¿Cuál es el plan de asistencia global?

En cada fase de la enfermedad se plantean distintos retos. Para afrontarlos es necesario disponer de una estrategia global de asistencia en cada fase. A medida que la enfermedad progresa, los problemas cambian y surgen nuevos contratiempos. Los cuidadores tienen que enfrentarse a nuevas dificultades en cada etapa del camino. Si se dispone de un plan de asistencia se pueden tratar los problemas presentes y los que están por venir. Esto garantiza que se prestará la mejor asistencia. Es posible conseguir que el enfermo se sienta seguro y cómodo, así como garantizarle la mejor calidad de vida posible, pese a padecer esta tremenda enfermedad.

FASES EN LA ENFERMEDAD DE ALZHEIMER (E.A.)
(ADAPTADO DEL FAST)

Fase FAST	Características	Diagnóstico clínico	Duración estimada*
1	Normal	Adulto normal	
2	Problemas subjetivos para encontrar la palabra correcta. Olvido de los nombres familiares o del lugar donde se han colocado objetos familiares. Ningún problema laboral o en situaciones sociales.	Anciano normal. Se conoce también como «mala memoria benigna». Puntuación MEEEM** entre 27 y 30	
3 E.A. empieza aquí	Problemas laborales (rendimiento pobre). La familia se da cuenta de que existen problemas para encontrar la palabra adecuada y los nombres correctos. La persona se pierde al dirigirse a lugares que le son familiares. Mala concentración. Problemas de memoria que se hacen obvios al conversar. La persona se repite y pierde el hilo. Dificultades para aprender nueva información.	Alzheimer inicial Puntuación MEEEM entre 23 y 26 aproximadamente	7 años
4	Problemas de concentración; se olvidan los eventos cotidianos. Los problemas de memoria empiezan a interferir en el comportamiento social. Se precisa ayuda para llevar la contabilidad y para planificar una comida de celebración.	Alzheimer leve Puntuación MEEEM entre 18 y 22 aproximadamente	2 años

Fase FAST	Características	Diagnóstico clínico	Duración estimada*
5	Se necesita ayuda para llevar a cabo las actividades elementales de la vida cotidiana, como arreglarse y vestirse; incapacidad para recordar hechos significativos, como los nombres de los nietos. Existe desorientación respecto al tiempo y a la localización espacial. No se entienden o no se pueden realizar las tareas complejas, como seguir una receta culinaria o comprar.	Enfermedad de Alzheimer moderada Puntuación MEEEM entre 12 y 17 aproximadamente	18 meses
6	La persona necesita ayuda para vestirse, bañarse, ir al lavabo, e incluso comer. Ignora los acontecimientos recientes de su vida; puede olvidar el nombre de su cónyuge. Trastornos del sueño. Se levanta de noche. Cambios de personalidad y emocionales con ansiedad, ideas delirantes y agitación o agresividad. Se pierde el control de la vejiga urinaria.	Enfermedad de Alzheimer avanzada Puntuación MEEEM de 5 aproximadamente, oscilando entre 3 y 10	30 meses
7	El habla queda limitada a aproximadamente media docena de palabras; al final esto desemboca en una total pérdida del habla. La persona no puede andar, sentarse, sonreír o respirar. Pierde el control intestinal.	Enfermedad de Alzheimer grave	Hasta 6 años

*En aquellos que sobreviven y pasan a la siguiente fase de deterioro
**Mini-examen estandarizado del estado mental

A continuación se ofrecen algunos consejos prácticos para ayudarle en cada una de las fases. De nuevo debemos señalar que es importante no sólo afrontar los problemas actuales, sino también planificar la asistencia para la fase siguiente. Por ejemplo, si la persona en la fase tres es mentalmente capaz, pero en la fase cuatro deviene incapaz, conviene tener todos los documentos legales firmados en la fase tres; si se espera demasiado puede ser demasiado tarde.

FASES 1 Y 2. ENVEJECIMIENTO NORMAL

Aunque desconocemos cuáles son las causas del Alzheimer, podemos ofrecer algunos buenos consejos sobre cómo reducir el riesgo de la pérdida de la memoria. Hay que llevar una vida sana, mantenerse activo, seguir una dieta equilibrada (baja en grasas y con poca sal) con mucho consumo de frutas y vegetales. Conviene controlar regularmente la presión sanguínea. Se debe mantener el peso ideal. Hay que ejercitar el cerebro (leer, realizar crucigramas…) y tener una actitud participativa. ¡Mejor quedar agotado que oxidado! Si tiene más de 55 años hable con su médico sobre la posibilidad de administrar diariamente una aspirina de cubierta entérica con la comida principal. Es preciso tomar vitamina E, siguiendo siempre las indicaciones del médico. Las mujeres deben tomar estrógenos después de la menopausia a menos que exista un importante historial familiar de cáncer de mama; este aspecto se debe tratar también con el médico. Se debe evitar el consumo excesivo de alcohol. Hay que tener especial cuidado con los traumatismos en la cabeza. Conviene mantener una actitud positiva y un talante optimista.

PLAN ASISTENCIAL PARA UN ENFERMO QUE VIVE CON UN CUIDADOR

Fase FAST		Duración estimada
1		
2	Testamento	
	Poderes notariales (económicos y para el cuidado personal)	
	Declaración de voluntad para la asistencia sanitaria futura (testamento vital)	
	Empleo de dosificador para la administración de fármacos	
	Calendario recordatorio de las citas (junto al teléfono)	
3 E.A. empieza aquí	Educación del paciente y de los familiares por una asociación contra el Alzheimer	7 años
	Un familiar acompaña al enfermo a las citas	
	Un familiar llena el dosificador de fármacos y supervisa las dosis	
	Revisión de las medidas de seguridad en el hogar (calentador, quemadores, cocina)	
	Iglesias y asociaciones de ayuda	
	Controlar la conducción de vehículos, la economía, las compras	
	Abandono del consumo de bebidas alcohólicas	
	Plantear el comienzo de una terapia de estrógenos en las mujeres	
	Plantear la administración de vitamina E	
	Plantear la administración de aspirina de cubierta entérica	
4	Debatir el apoyo que la familia o el cónyuge pueden proporcionar	2 años
	Programas de asistencia domiciliaria	
	Programas diarios	
	Asistencia diaria	
	Cumplimentación de los documentos necesarios para el ingreso en un geriátrico	
	Cuidados a domicilio y «visitas amables» para facilitar el descanso	
	Plantear la posibilidad de la asistencia domiciliaria (durante las fases 4 y 5)	
	Registro de Personas Perdidas	
5	Ayuda del cuidador	18 meses
	Asistencias breves en centros sanitarios	
6	Asistencia en geriátrico; necesidad de una unidad de seguridad si la persona se dedica a deambular	30 meses
	Ayuda al cuidador al reemprender su vida solo	
7	Unidad de seguridad	Hasta 6 años
	Ayuda a la familia frente al dolor y la pérdida	

PLAN ASISTENCIAL PARA UN ENFERMO QUE VIVE SOLO

Fase FAST		Duración estimada
1		
2	Testamento	
	Poderes notariales	
	Declaración de voluntad para la asistencia sanitaria futura	
	Empleo de dosificador para la administración de fármacos	
	Calendario recordatorio de las citas, agenda, etc.	
3 E.A. empieza aquí	Evaluación de la capacidad para conducir	7 años
	Empleo de calendario y libreta para notas	
	Farmacia para llenar el dosificador.	
	Domiciliación bancaria de los recibos	
	Plantear la posibilidad de trasladar al anciano a un apartamento para gente mayor o a un hogar de ancianos	
	Educación respecto a la enfermedad de Alzheimer.	
	Debate sobre cuáles son los deseos del enfermo en caso de que la memoria/funcionalidad quedara del todo deteriorada.	
	Revisar/actualizar la declaración de voluntad para la asistencia sanitaria futura	
	Afiliación a una asociación de lucha contra el Alzheimer. «Visitas amables.» Estudio/inicio de un programa diario	
	Control de la economía, la cocina, la medicación, las compras, etc.	
	Un miembro de la familia acompaña al enfermo a las visitas al médico	
4	Ayuda asistencial en el hogar (incluyendo trabajadores sociales para la familia)	2 años
	Plantear la posibilidad de trasladar al anciano a casa de un miembro de la familia	
	Probable traslado a una institución asistencial en esta fase	
	Registro de Personas Perdidas	
5	En esta fase la mayoría de las personas que viven solas ya estarán ingresadas en una institución	18 meses
	Elaborar una biografía para la institución asistencial	
6	Cuidado en un geriátrico	30 meses
7	Ayuda a la familia frente al dolor y la pérdida	Hasta 6 años

FASE 3. ALZHEIMER INICIAL

Una vez que se diagnostica la enfermedad de Alzheimer, después de haber efectuado un examen general cuidadoso, conviene afiliarse a una sociedad de lucha contra el Alzheimer a fin de recibir formación y ayuda. También es el momento en que el enfermo debe ordenar sus asuntos legales y económicos. Es preciso que haga testamento, también deberá emitir una declaración de voluntad para la asistencia sanitaria futura (testamento vital) y otorgar poderes notariales para la administración de sus propiedades y para lo concerniente a su asistencia personal.

En esta fase son importantes los aspectos relacionados con la seguridad. Si el enfermo todavía conduce, deben adoptarse precauciones. Conviene viajar con la persona y observar cómo conduce. ¿Se extravía? ¿Pierde la concentración? ¿Ignora las señales de tráfico? ¿Excede los límites de velocidad? Si esta actividad genera inquietud en los allegados conviene acudir al médico, que puede aconsejar realizar un examen de conducción o una prueba de aptitud en centros especializados en evaluar a personas que padecen Alzheimer.

Si la persona se responsabiliza de tomar su propia medicación, en esta fase de la enfermedad conviene contar las dosis y verificar si se omite alguna toma o si el fármaco se administra en una cantidad superior a la indicada. A menudo es útil emplear un dosificador (un pastillero con compartimentos para cada día de la semana). Esto permite al cuidador contar las pastillas y determinar la regularidad con que se administran.

Se trata de una fase en la que el enfermo puede ser víctima de engaños económicos urdidos por estafadores. Las personas con Alzheimer tienen dificultad para recordar la secuencia de los acontecimientos y es posible que se olviden de pagar una factura o que la paguen varias veces. El propósito de que se otorguen poderes notariales no es asumir los asuntos de la persona, sino supervisarlos, para asegurarse de que la economía se lleva de una forma adecuada. Por ejemplo, los recibos se pueden domiciliar directamente a través del banco. Hay que permitir que el enfermo participe lo máximo posible. No se debe asumir el control porque sí. Hay que procurar que el enfermo continúe involucrado en sus asuntos.

Cuando una persona que padece Alzheimer vive sola, es posible que a su familia le preocupe su alimentación. ¿Hay todo lo necesario en el frigorífico? ¿Tiene la persona la suficiente habilidad culinaria? Es preciso ayudar al enfermo a efectuar la compra y procurar que utilice el microondas para calentar comidas preparadas, puesto que los hornos convencionales son mucho más peligrosos. Conviene surtir la despensa de alimentos fáciles de preparar. Pueden plantearse las comidas servidas a domicilio.

Normalmente, quienes se encuentran en esta fase inicial de la enfermedad niegan tener problemas de memoria. Se ofenden cuando otras personas tratan de decirles lo que tienen que hacer, puesto que creen sinceramente que se está exagerando el problema. El resentimiento aumenta a medida que el cuidador se empieza a entrometer en sus vidas. Si es posible, hay que intentar que el enfermo acuda al médico con el cuidador, a fin de hacer planes a largo plazo. Hay que preguntar al afectado quién desea que se cuide de sus asuntos sanitarios y personales y que controle su dinero y sus propiedades. Es el momento de averiguar qué opina el enfermo acerca de vivir en una institución y en qué momento estaría dispuesto a ir. Es posible que se trate de una conversación muy difícil, pero al final reportará una satisfacción tanto para el cuidador como para el enfermo. En esta fase es normal sentirse confundido y asustado, e incluso aterrado, ante las perspectivas que se avecinan. Es importante encauzar el problema cuanto antes. Ello hará que a partir de ese momento todo sea más sencillo.

La tendencia natural es intentar continuar con lo cotidiano e intentar creer que la enfermedad no existe. Si sigue esta opción no sólo perderá una excelente oportunidad para realizar todas las tareas expuestas, sino que su realización futura, cuando la memoria haya empeorado, será muchísimo más difícil, si no imposible. En un momento posterior, cuando el enfermo pierda su capacidad, no podrá firmar papeles que otorguen a una tercera persona poderes notariales. Esto significa que la administración intervendrá y que la familia tendrá que acudir a los tribunales a fin de que se designe un tutor para que actúe en nombre y representación del enfermo. Si no se realizan los trámites en esta fase, los problemas aumentarán. Conviene, pues, que lo planifique todo en este momento, ¡no espere a que se desencadene una crisis!

La conducción y el Alzheimer

En el siglo XX el automóvil se ha convertido en un símbolo de libertad. La retirada del carné de conducir a los ancianos constituye una enorme afrenta a su independencia y autoestima. En las primeras fases de la enfermedad es posible que el afectado conduzca de una forma segura, pero al final todos los enfermos de Alzheimer pierden esta destreza. Las señales de alerta de que la persona está empezando a correr un riesgo son: la falta de atención, la lentitud en el tiempo de reacción y las dificultades para tomar decisiones en la conducción; por ejemplo, el enfermo se salta señales de stop, cambia de carril sin mirar o sin señalar la maniobra, ignora los semáforos en rojo y responde con lentitud o de forma inapropiada a los obstáculos y ante las situaciones peligrosas. Si usted está preocupado, en lo que concierne a la seguridad más vale pecar por exceso que por defecto y, por lo tanto, conviene dirigirse al médico de cabecera. Él examinará a la persona y prescribirá que realice un test de aptitud.

FASE 4. ALZHEIMER LEVE

En esta fase surgen problemas con las tareas básicas de la vida cotidiana, como vestirse o asearse. El énfasis en la asistencia que recaía en la planificación debe centrarse ahora en la ayuda para realizar las tareas diarias. La mejor estrategia es preparar la ropa y ayudar al enfermo a bañarse y arreglarse. Al principio conviene recordar amablemente al paciente: «Es la hora del baño, ya lo preparo por ti». Más adelante, a medida que la enfermedad progresa, es posible que la persona no se vista correctamente, de modo que el cuidador le tendrá que dar las prendas de ropa de forma secuencial. Es conveniente prestar la ayuda de una forma optimista y hacer todo lo posible para que la tarea resulte agradable. Si el enfermo se equivoca, no se le debe corregir a menos que sea preciso. No hay que reprender al enfermo; sin embargo, gentilmente se le puede indicar: «Esta camiseta queda mejor al revés. Probemos de la otra forma».

Hasta llegar a esta fase la mayoría de cuidadores se pueden arreglar solos. Es a partir de este punto que se empiezan a sentir abrumados. Los cuidados se prestan durante 24 horas al día, siete días a la semana. No tienen tiempo para ellos mismos. Sus familiares intentan seguirlos y cada vez son más dependientes de ellos. En esta fase, los cuidadores quedan exhaustos si buscan ayuda demasiado tarde.

Usted solo no lo puede hacer

El eslogan de la Canadian Alzheimer Society es: «Usted solo no lo puede hacer» y el de la American Alzheimer's Association es: «Alguien para apoyarle». La mayoría de cuidadores entienden el significado de estas ideas en esta fase de la enfermedad. Algunos esperan demasiado a solicitar o a aceptar una ayuda y quedan agotados. Las notas características del cansancio del cuidador son el agotamiento, la frustración y el enfado. Es necesario plantearse aceptar ayuda. Es del todo necesaria.

Hay varias formas de recibir esta ayuda. Hay trabajadores sociales que pueden acudir a su domicilio y prestar auxilio en el cuidado personal del enfermo y las tareas de la casa. Algunos de estos trabajadores están un rato con el enfermo, de forma que el cuidador pueda disfrutar de un descanso. En muchos lugares, los voluntarios de las asociaciones contra el Alzheimer salen a pasear con el enfermo, lo cual proporciona al cuidador un poco de tiempo libre adicional. Hable con su médico y con la organización local contra el Alzheimer para saber qué servicios hay disponibles en la zona donde reside. Incluso los mejores cuidadores necesitan ayuda. No puede considerarse un fracaso el recurrir a un auxilio. La labor de un cuidador es como la de alguien que practica un deporte, como por ejemplo el hockey. Los jugadores de hockey no están en la pista de hielo durante todo el partido; necesitan sentarse en el banquillo y descansar de vez en cuando. Los cuidadores también precisan disfrutar de un receso.

Otra forma de conseguir un descanso en esta fase de la enfermedad es inscribir al enfermo en un centro asistencial de día, donde se encontrará con otras personas y se implicará en una serie de actividades. Frecuentemente, al principio las personas con Alzheimer rehúsan acudir a este tipo de centros de día. Si los cuidadores muestran su conformidad, pronto se acostumbran. Son muchos los programas de día disponibles y rápidamente se convierten en una parte de la rutina cotidiana. A medida que la enfermedad progresa se puede aumentar la frecuencia con la que se acude a estos centros, dado que el cuidador necesitará cada vez más ayuda debido a que el trabajo será más pesado y exigente.

También es útil que un terapeuta ocupacional acuda al domicilio a prestar sus valiosos conocimientos de cómo mejorar la seguridad en el hogar. Se deben realizar toda una serie de modificaciones a fin de que el enfermo esté en un entorno seguro y pueda mejorar el desarrollo de sus actividades. Estas cuestiones se analizan con detalle más adelante en este mismo capítulo.

FASES 5 Y 6. ALZHEIMER MODERADO Y AVANZADO

En esta fase, las personas requieren asistencia las 24 horas del día. No se las puede dejar solas; precisan una supervisión constante. Se las tiene que lavar, vestir y arreglar, y es posible que se les tenga que dar de comer y auxiliar para ir al lavabo. Algunos enfermos no recuerdan a sus familiares y otros se pierden en su propio hogar. Hay quienes desean regresar a casa con sus padres, que llevan muertos más de 20 años. Si se les permite dormir durante el día, algunos se levantan por la noche y piden el desayuno.

Muchos cuidadores se oponen a que el enfermo resida en una institución. Intentan resistir y, finalmente, ya agotados y sin fuerzas para continuar, no les queda más remedio que aceptar que la persona querida sea ingresada en un hogar de ancianidad. No habían planeado el traslado y deben movilizarse para buscar un lugar, cumplimentando documentación e intentando encontrar un lugar que quede cerca y que proporcione una asistencia de buena calidad. Es el peor momento para hacer esto; debía haberse previsto con antelación como parte integrante del plan asistencial.

La elección del hogar de ancianidad debe considerarse y debatirse cuando la persona empieza a tener problemas con las actividades sencillas de la vida cotidiana. Las personas con Alzheimer que viven solas es posible que tengan que acudir a un centro asistencial mucho antes. Es importante realizar esta previsión con anterioridad. Muchos cuidadores y familiares lo dejan para el último momento y tienen que conformarse con la primera plaza que encuentran.

Cuando se les pregunta a los cuidadores si han considerado la posibilidad de ingresar al enfermo en un hogar de ancianos, puede que respondan: «Nunca. Nunca permitiré que vaya a un geriátrico. Quiero que se quede en casa». Si es así como se siente usted, hágase estas cuatro preguntas:

- «¿Qué sucederá si el enfermo deja de reconocerme?»
- «¿Qué sucederá si el enfermo sufre incontinencia urinaria y no controla las deposiciones?»
- «¿Qué sucederá si tengo que levantar y acostar al enfermo de la cama?»
- «¿Lo tendré en casa en este estado?»

Se trata de una decisión dura, pero hay que tomarla. Las estadísticas muestran que el 90 % de las personas con Alzheimer en una fase avanzada precisan una institución asistencial durante algún tiempo. Los cuidadores han de prever que la persona *irá* a un hogar de ancianos. Si se aprende a afrontar la enfermedad y a aceptarla se podrá tener en casa a la persona querida mucho más tiempo. Pero al final, la casi totalidad de los cuidadores, tanto si lo desean como si no, se ven incapaces de proporcionar toda la ayuda que el enfermo necesita. La mayoría quedan aliviados cuando ingresan a la persona que estaban cuidando en un hogar de ancianos.

Los cuidadores deben solucionar este tema con antelación. Si es posible, no se debe trasladar a la persona a un hogar de ancianos en un momento de crisis o cuando hay una urgencia. El traslado debe estar planificado. Si el traslado tiene lugar debido a que el cuidador enferma y precisa atención hospitalaria, el resto de la familia tiene que asumir su responsabilidad y cuidar a su allegado que padece Alzheimer. Entonces, contando con muy poca ayuda, tienen que atender a una persona hospitalizada y a otra con Alzheimer en el ámbito doméstico.

¿CÓMO DEBEN AFRONTARSE LOS PROBLEMAS COTIDIANOS?

El mayor reto para los cuidadores no es atender a las labores diarias, como el aseo personal, ayudar al enfermo a vestirse, cocinar o controlar la economía. Para la mayoría el principal reto es afrontar los cambios de comportamiento que se producen en el curso de la enfermedad: las acciones anormales y los cambios de personalidad. En cada fase de la enfermedad se dan distintos problemas comportamentales.

El comportamiento se puede definir como cualquier forma de expresión humana; se trata de una realidad compleja y muy personal. El daño que padecen las células cerebrales puede provocar severos cambios en el comportamiento. Para afrontar cualquier cambio comportamental deben seguirse tres pasos.

En primer lugar, definir el comportamiento y sus posibles causas. Si estas causas se pueden eliminar o modificar, el cambio en el comportamiento mejorará o desaparecerá. Hay que decidir si se debe actuar (por ejemplo, si existe un problema de seguridad), o si se puede ignorar el comportamiento.

En segundo lugar, hay que aprender estrategias para abordar el problema. Intente distintas estrategias para comprobar cuál funciona y cuál no; debe utilizarse el sentido común como método de solución de problemas.

En tercer lugar, hay que evaluar el efecto que surten las estrategias empleadas. Si una estrategia funciona, utilícela de nuevo. Si no tiene resultados, abandónela. En la medida en que ello no haga empeorar el comportamiento, puede intentar seguir la corriente al enfermo y ser lo más flexible posible. Es probable que la próxima vez funcione lo que en un principio no ha tenido resultado. Analice los éxitos y los fracasos y vuelva a intentarlo. Busque ayuda cuando haya un comportamiento que no pueda cambiar.

Las que se citan a continuación son algunas de las reglas básicas para afrontar cualquier cambio de comportamiento en la enfermedad de Alzheimer. Utilice el Instrumento de evaluación del comportamiento disfuncional (IECD) para determinar a cuántos comportamientos distintos se está usted enfrentando. El IECD proporciona una lista de control de problemas del comportamiento que se suelen dar en quienes padecen la enfermedad de Alzheimer. Por término medio los cuidadores suelen encontrarse aproximadamente con unos diez comportamientos problemáticos distintos en el transcurso de una semana. La variedad y la frecuencia de estas manifestaciones comportamentales incrementan el reto que supone cuidar a una persona que padezca la enfermedad de Alzheimer. Una vez que conozca cuáles son los problemas, usted podrá aprender a afrontarlos.

INSTRUMENTO DE EVALUACIÓN DEL COMPORTAMIENTO DISFUNCIONAL (IECD)

¿Cuántas veces en las últimas semanas el enfermo ha tenido alguno de los siguientes comportamientos? ¿En qué medida esto ha constituido un problema? Repase periódicamente esta lista de control para hacer un seguimiento de los problemas comportamentales. Las puntuaciones elevadas indicarán que el cuidador sufre estrés.

Rodee con un círculo el número de la respuesta que mejor se corresponda:

¿Con qué frecuencia se manifiesta esto?	¿En qué medida ello constituye un problema?
0 Nunca	0 Ningún problema
1 Aproximadamente cada dos semanas	1 Un problema ínfimo
2 Aproximadamente una vez por semana	2 Un problema pequeño
3 Más de una vez por semana	3 Un problema normal
4 Por lo menos una vez al día	4 Un problema importante
5 Más de cinco veces al día	5 Un gran problema

1. Plantea las mismas preguntas una y otra vez	0 1 2 3 4 5	0 1 2 3 4 5
2. Repite los relatos una y otra vez	0 1 2 3 4 5	0 1 2 3 4 5
3. Se enfada	0 1 2 3 4 5	0 1 2 3 4 5
4. Está retraído (no habla ni hace nada a menos que se pida expresamente)	0 1 2 3 4 5	0 1 2 3 4 5
5. Actúa de forma muy exigente	0 1 2 3 4 5	0 1 2 3 4 5
6. Tiene miedo de que le dejen solo	0 1 2 3 4 5	0 1 2 3 4 5
7. Actúa de forma agresiva	0 1 2 3 4 5	0 1 2 3 4 5
8. Esconde objetos	0 1 2 3 4 5	0 1 2 3 4 5
9. Actúa con desconfianza	0 1 2 3 4 5	0 1 2 3 4 5
10. Tiene arrebatos de ira	0 1 2 3 4 5	0 1 2 3 4 5

11. Tiene ideas delirantes (pensamientos)
que consisten en que:
  • el cónyuge «no es su esposo/esposa»   0 1 2 3 4 5   0 1 2 3 4 5
  • el hogar «no es su casa»   0 1 2 3 4 5   0 1 2 3 4 5
  • hay «extraños en la casa»   0 1 2 3 4 5   0 1 2 3 4 5
  • hay «extraños que roban objetos»   0 1 2 3 4 5   0 1 2 3 4 5
  • otras: _____   0 1 2 3 4 5   0 1 2 3 4 5
12. Tiene alucinaciones:
  • ve cosas que no están ahí   0 1 2 3 4 5   0 1 2 3 4 5
  • oye cosas o personas inexistentes   0 1 2 3 4 5   0 1 2 3 4 5
  • otras: _____   0 1 2 3 4 5   0 1 2 3 4 5
13. Está nervioso
(por ejemplo, anda de forma impaciente)   0 1 2 3 4 5   0 1 2 3 4 5
14. Llora   0 1 2 3 4 5   0 1 2 3 4 5
15. Se siente frustrado   0 1 2 3 4 5   0 1 2 3 4 5
16. Deambula, se pierde por la casa,
en lugares que le son familiares
o en cualquier sitio   0 1 2 3 4 5   0 1 2 3 4 5
17. Se levanta por la noche   0 1 2 3 4 5   0 1 2 3 4 5
18. Quiere marcharse   0 1 2 3 4 5   0 1 2 3 4 5
19. Cambia a menudo de ideas   0 1 2 3 4 5   0 1 2 3 4 5
20. Se niega a colaborar   0 1 2 3 4 5   0 1 2 3 4 5
21. En público se comporta de una forma
lamentable   0 1 2 3 4 5   0 1 2 3 4 5
22. Tiene otros comportamientos no citados
aquí   0 1 2 3 4 5   0 1 2 3 4 5

_____

_____

_____

DESCRIBA LA ACCIÓN O EL COMPORTAMIENTO

Para entender el comportamiento, empiece describiendo lo que usted ve. Recuerde que se puede gritar o caminar de forma impaciente debido a enfado, miedo, preocupaciones, ansiedad, depresión o dolor. Trate de no «interpretar» el comportamiento. Simplemente describa lo que ve: los gritos o el caminar impaciente.

¿Cuáles son las causas o los desencadenantes?

¿Existe algún indicio? ¿Intuye o presiente que un comportamiento dado se va a producir? ¿Le parece más probable que esté relacionado con un problema médico, o más bien con un cambio en el entorno de la persona? ¿En ciertas habitaciones, en determinados momentos del día o ante ciertos cuidadores, la situación empeora? Para cualquier comportamiento existen unas causas comunes o desencadenantes que hacen que ese comportamiento empeore. Cuando esto suceda, repase la lista de control e intente mitigar las causas o los desencadenantes.

Causas médicas

- Administración de nuevos fármacos, o cambios en las dosis de fármacos que ya se estaban tomando.
- Existencia de otra enfermedad además del Alzheimer (infecciones virales, cistitis, artritis).
- Mala visión o mala audición.
- Dolor.
- Fiebre.
- Estreñimiento o dificultades de micción (retención).

Causas ambientales

- Hambre, sed (dado que puede ser difícil para la persona explicarse).
- Falta de sueño.
- Demasiados estímulos o estrés en el ambiente.
- Falta de estímulos, aburrimiento.
- Necesidad de desarrollar una actividad física.
- Demasiadas exigencias complicadas, o bien personas o lugares desconocidos.
- Excesivo frío o calor.
- Excesiva oscuridad o luminosidad, o demasiado ruido.
- Supervisión insuficiente o falta de comunicación.

¿Cuáles son los efectos sobre la persona?

¿Cómo repercute en la voz, la manera de actuar, el estado de ánimo, el apetito, las emociones o la energía? ¿Cómo afecta este comportamiento a los demás?

¿Cuáles son los efectos sobre usted, el cuidador?

Usted como cuidador, ¿cómo responde frente a este comportamiento? ¿Lo ignora? Debido al modo de actuar del paciente, ¿le presta mayor atención o lo castiga? La respuesta del cuidador afectará al modo en que el comportamiento se manifieste. Asegúrese de que sus respuestas no empeoran la situación.

Directrices para afrontar los problemas de comportamiento

Cada comportamiento tiene unas causas distintas y requiere unas estrategias diferentes para afrontarlo. Para tratar cualquier comportamiento, el cuidador debe mantener el control de la situación y permanecer calmado. Como regla general, no sirve de nada intentar razonar con la persona. Normalmente es más efectivo intentar distraerla. Las pautas para abordar los problemas de comportamiento parecen difíciles, sin embargo se pueden asimilar.

Recuerde que el enfermo no puede controlar esos comportamientos, no es responsable de los mismos y no debe ser castigado. Las personas que padecen Alzheimer no aprenden de los castigos. Es injurioso castigarles, no los ayudará en absoluto y sólo se conseguirá empeorar la situación.

A continuación se exponen algunas directrices para afrontar los problemas de comportamiento en general. Más adelante, en este mismo capítulo, se exponen las estrategias específicas para cada uno de los distintos problemas posibles.

APRENDA ESTRATEGIAS PARA AFRONTAR LAS SITUACIONES

- Analice las estrategias que ha escogido y qué efectos tienen sobre el comportamiento del enfermo.
- Haga una relación escrita de los distintos comportamientos, sus posibles causas, las directrices a seguir, los factores desencadenantes, las actitudes adoptadas y las respuestas.
- En la medida de lo posible ignore los malos comportamientos y recompense los buenos.
- Aléjese y mantenga la calma.
- Emplee el tono de voz, el tacto, la música y los objetos o actividades familiares para distraer a la persona y crear en ella un estado de ánimo sosegado.
- Tranquilice siempre al enfermo; dígale que es el cuidador y que quiere ayudarle.

PERFECCIONE SU RUTINA Y NO SE APARTE DE ELLA

La rutina le permite al enfermo de Alzheimer un cierto grado de previsión y minimiza su confusión y desorientación. Le proporciona un marco de referencia que le da seguridad y le resulta útil. Dentro de la rutina diaria, los cuidadores también deben destinar parte del tiempo a sí mismos.

- Haga que las comidas sean cada día a la misma hora.
- Planee con la mayor regularidad posible las distintas actividades, como pasear, salir de compras, hacer pasatiempos, escuchar música, cocinar, limpiar, el cuidado personal diario, las visitas, ver la televisión y acostarse.
- Intente implicar a la persona tanto como sea posible en las actividades cotidianas.
- Deje suficiente tiempo para realizar las cosas, de manera que el enfermo no tenga que apresurarse.

Adapte el entorno

Es importante crear un entorno adecuado para la persona que padece Alzheimer. Debe estar en un lugar seguro y tener el espacio suficiente para moverse y hacer ejercicio. Tiene que encontrarse en un sitio bien iluminado, sin un resplandor excesivo y sin sombras. La temperatura ha de ser la correcta y debe disponer de ropa cómoda de forma que no pase frío ni calor. En el exterior cree un circuito de paseo, de manera que el enfermo ande por un entorno que le sea familiar, por caminos que siempre conduzcan a casa. Una persona que padece pérdida de memoria tiene problemas para orientarse, y cuantas menos alternativas tenga para desviarse menor será la probabilidad de que lo haga. Intente reducir el desorden en el interior de la casa y deje las habitaciones abiertas, sin mover los muebles ni los recuerdos familiares. Retire los objetos que tengan cantos peligrosos, los aparatos eléctricos y las herramientas susceptibles de provocar algún accidente.

Evite en la medida de lo posible las sorpresas. El más pequeño de los cambios puede provocar confusión, frustración e irritabilidad. Emplee todo tipo de recordatorios (horarios, listas, calendarios, etc.) para ayudar a que el enfermo se encuentre lo más orientado posible. Simplifique el entorno reduciendo el ruido y el número de personas presentes. Quienes padecen Alzheimer afrontan mejor la comunicación de persona a persona. A menudo, no soportan las multitudes, o las conversaciones con más de dos interlocutores simultáneamente. Trate de que viaje con algún familiar para evitar que surjan problemas en lugares desconocidos. Manténgalo alejado de las aglomeraciones y de los lugares ruidosos.

Organice actividades

No haga participar al enfermo en actividades que le puedan ocasionar sobreestimulación, que lo frustren o que hagan aumentar su confusión. Si la situación o el entorno provocan estrés, aparte a la persona de ese lugar de forma cuidadosa. Guíelo tranquilamente lejos de donde se desarrolla la actividad, empleando un tono de voz pausado. Establezca leves contactos físicos con el fin de calmar a la persona (una ligera fricción en la espalda, un apretón en la mano, una pequeña palmada o un masaje en el hombro).

Programe con regularidad la realización de ejercicio: pasear, nadar, montar en bicicleta, practicar danza o tai chi, jardinería, cualquier actividad que le guste al enfermo. Intente que sea un rato divertido. Asegúrese de que se trata de una actividad tonificante y que no cause frustración ni cansancio. Algunas personas prefieren la práctica en grupos pequeños; otros prefieren el ejercicio en pareja y los grupos les confunden y les frustran.

Planee las actividades para los momentos en que el enfermo esté descansado. Si tiene un «mal día», es aconsejable suspender aquellas actividades que puedan causar problemas y tomarse el día libre. Intente no forzar al enfermo a hacer algo que no desea (lavarse, arreglarse, llevar determinadas prendas de ropa…) si ello puede provocar una discusión. Es mejor omitir la tarea que tener una pelea por ese motivo.

COMUNÍQUESE

El razonamiento es el modo de comunicación más empleado entre adultos. En las personas que padecen Alzheimer el razonamiento queda afectado desde el principio de la enfermedad. Es más efectivo distraer a alguien que está enfadado o nervioso que razonar o argumentar directamente sobre algún aspecto controvertido. Recurra a la comida favorita de la persona, a la música o a alguna actividad agradable. Para alguien que está nervioso, frustrado o enfadado, las caricias o los masajes, los apretones de manos, los abrazos o una tranquila lectura pueden resultar reconfortantes y relajantes. Recuerde que el contacto físico es una de las necesidades humanas más básicas y puede constituir un eficaz método de comunicación.

Debido a las dificultades lingüísticas que se dan en la enfermedad de Alzheimer, los sentimientos, los gestos y las acciones son incluso más importantes que las palabras. Reste importancia a las distracciones y comuníquese con claridad de acuerdo con el nivel de la persona que le escucha. Entienda y aprenda el empleo de técnicas de comunicación no verbal. Asegúrese de que su comunicación no verbal respalda a su comunicación verbal. Las claves de la comunicación no verbal son el tono, la cadencia y la intensidad de voz, la expresión de la cara, el tacto, la postura, el contacto visual y los gestos. Deje que el enfermo disponga de todo el tiempo necesario para escuchar y procesar la información que usted le transmite.

Formule preguntas cuya respuesta sea sí o no, en lugar de efectuar preguntas abiertas o complicadas. Por ejemplo, no pregunte: «¿Qué te gustaría para comer?» o «¿Qué prefieres: un bocadillo de atún o un sándwich vegetal, o bien una ensalada, o una sopa, o mejor un poco de leche, con café o té, o quizás una bebida ligera?». Demasiadas opciones son abrumadoras; es demasiada información que se tiene que procesar. Intente, en cambio, preguntar: «¿Quieres comer algo ahora?» (sonriendo y asintiendo con la cabeza). Espere la respuesta. Y después continúe: «¿Te gustaría un poco de atún en un bocadillo?».

Cuando le ofrezca opciones al enfermo asegúrese de que son sencillas. Lo que usted desea es que logre tomar una decisión. Transmita una sola idea cada vez. Sea paciente y permita que el enfermo escuche y procese la información. A continuación déjele tiempo para responder. Es mejor un tipo de comunicación directa, en lugar de ofrecer alternativas que crearán confusión.

LA COMUNICACIÓN CON UN ENFERMO DE ALZHEIMER

- Asegúrese de que la persona lleva puestas las gafas y el audífono.
- Reduzca el ruido de fondo y las distracciones.
- Emplee un lenguaje corporal positivo: relájese, inclínese hacia adelante y sonría.
- Toque a la persona con suavidad, tranquilícela.
- Hable de forma clara y lentamente.
- Transmita una sola idea al mismo tiempo.
- No ofrezca demasiadas alternativas.
- Realice frecuentes pausas y reafirme las respuestas («¡Eso está bien!»).
- Repita su mensaje tantas veces como sea preciso.
- Distraiga a la persona si se pone nerviosa o inquieta.

Encontrar las palabras adecuadas para expresar pensamientos puede constituir un problema que frustre tanto al enfermo como al cuidador. En la medida de lo posible, intente «llenar las lagunas», pero cambie de tema o introduzca variaciones para evitar que la frustración se intensifique.

En una institución

En su gran mayoría, el personal empleado en instituciones trabaja intensamente y está muy poco reconocido. Muchos de estos trabajadores son extremadamente humanitarios y abnegados. Comuníquese claramente con el personal. Pregúnteles qué puede hacer usted para ayudarles, e intente colaborar lo más que pueda. Intente que el personal que atiende al enfermo sea el mismo el mayor tiempo posible. Si por cualquier motivo, el enfermo no se lleva bien con algún miembro del personal, intente que ese profesional no se encargue de su cuidado. Colabore con aquellos empleados que mejor se lleven con el enfermo.

Los familiares han de procurar visitar a la persona regularmente a fin de echar una mano. Si hay problemas con las comidas y al enfermo le gusta estar acompañado, o necesita ayuda, convendría efectuar la visita en el momento de la comida con el objeto de ser útil. Si el enfermo se resiste a que lo bañen, a arreglarse o a afeitarse, la presencia de los familiares en esos instantes puede significar un apoyo. Los familiares incluso pueden llegar a ayudar en esas tareas, o en la administración de fármacos cuando el enfermo rehúse tomarlos a instancias del personal.

Prepare la biografía del enfermo para el personal, de forma que le puedan conocer mejor y, así, puedan emplear nombres cariñosos o hablar de temas que le interesen. La biografía, incluyendo fotos e información sobre las experiencias de la persona, sus aficiones y los logros obtenidos, se puede redactar en una hoja de papel de tamaño grande. De esta manera, alguien con Alzheimer continúa siendo una *persona*, con una familia, unos intereses y una profesión. Cuanta más información tenga el personal, mayores serán sus éxitos en la comunicación. Tenga un diario en la habitación para comunicarse con el personal, la familia y los amigos. Esto servirá para coordinar las actividades y para mantener a todo el mundo informado. Los cambios de turno provocan estrés y son causa de ansiedad y confusión. Identifique cuáles son los momentos más estresantes y trate de encontrar estrategias para suavizarlos.

EL TRATAMIENTO DE LOS DISTINTOS PROBLEMAS DE COMPORTAMIENTO

MEMORIA

La comprensión del problema

La pérdida de memoria es el rasgo más habitual en la enfermedad de Alzheimer. A menudo es el más frustrante, no sólo para el enfermo sino también para el cuidador. Trate de comprender el motivo y la naturaleza de la pérdida de memoria (véase el capítulo 3). Trabaje con la memoria que todavía permanece e intente completar los fragmentos de información perdida. Dado que el enfermo es incapaz de aprender nueva información, la comprensión se hace mucho más difícil cuando se está en un nuevo entorno o ante una nueva situación. Son muchos los trucos que se pueden utilizar para ayudar al enfermo con las dificultades de la memoria a corto plazo. Un buen cuidador debe intentar encontrar el equilibrio entre no permitir que el enfermo se equivoque y dejar que el enfermo se esfuerce por obtener los mejores resultados de acuerdo con su capacidad. Hay que hacer lo mínimo y dejar que la persona haga lo máximo.

El tratamiento del problema

- Establezca rituales y rutinas respecto a los paseos, las comidas, los momentos de recreo, las distintas actividades y la hora de acostarse a fin de incrementar la sensación de seguridad y familiaridad.

- Emplee ayudas mnemotécnicas, claves (verbales y escritas), calendarios, listas, repetición de los planes, recordatorios e información de refuerzo.
- Escriba en un papel el número de teléfono y la dirección de la persona y póngalo en la cartera.
- Idee un sistema sencillo de archivo.
- Establezca una rutina y cíñase a ella.
- Anote los números de teléfono más habituales.
- Escriba los planes del día.
- Anote el menú diario o semanal.
- Si vienen visitas, mantenga el nivel de actividad bajo. Procure que el encuentro sea en un lugar familiar. Mantenga el nivel de ruidos bajo y trate que el número de visitantes sea pequeño.
- Permita que la persona participe constantemente. Repita la información una y otra vez, hasta que la persona la capte. No transmita de forma simultánea más que pequeños fragmentos de información. Cuando perciba que la persona se frustra, cambie el mensaje y recurra a viejos recuerdos.
- Evoque tiempos pasados mostrando álbumes de fotos y vídeos. Los antiguos recuerdos permanecen intactos durante mucho tiempo y constituyen una forma muy positiva de conectar con la persona. Recuerde que el enfermo puede sentirse aislado, frustrado y humillado por la pérdida de memoria. Es válido cualquier método que sirva para conectar con él transmitiendo confianza.
- Enseñe a la familia y a los amigos cómo deben comunicarse. Si no aprenden a hacerlo, tienen que evitar el trato con el enfermo. Para ellos será demasiado frustrante y deprimente no conectar con el ser querido.
- Recuerde al enfermo dónde guarda el dinero para que esté a buen recaudo. Condúzcale al lugar donde se encuentra guardado si lo está buscando.
- Ayúdele a encontrar los objetos que haya extraviado.
- Coloque un cascabel en las llaves, en el billetero o en el portamonedas, de forma que no se puedan perder.
- No riña al enfermo si pierde dinero, la cartera o el monedero.

- Intente tener un juego de llaves de repuesto, o incluso un segundo monedero para el caso de que el enfermo pierda el que lleva.
- Aprenda los escondrijos que utiliza el enfermo.
- Averigüe cuáles son las preocupaciones de la persona. El hecho de que tenga Alzheimer no significa que no haya alguien que esté intentando aprovecharse de él. Asegúrese de que la persona no es víctima de malos tratos por alguna tercera persona.
- Haga que las distracciones sean actividades familiares: cantar canciones, pintar, mirar fotografías, jugar a cartas, jugar con animales de compañía, escuchar música, dar un masaje o cualquier otra actividad sencilla. Esto posibilitará que el enfermo participe y lo pase bien.
- Aprenda a no tomarse en serio las acusaciones de las que sea objeto.

REPETICIÓN DE PREGUNTAS Y DE HISTORIAS

Un sobrino acompañó a su tía al médico para una primera visita. En la entrevista el sobrino explicó: «Pensé que no llegaría nunca el momento». Cuando el médico le preguntó el motivo del comentario, él contestó: «Porque esta noche por lo menos me ha llamado cuarenta veces para hablarme de la visita. Cuando veníamos para aquí continuaba preguntándome por qué veníamos, quién había concertado la visita y a qué hora la íbamos a recoger».

La comprensión del problema

La repetición de preguntas y de historias es un comportamiento característico de la enfermedad de Alzheimer. Si no está presente no hay Alzheimer. A menudo, se trata del primer comportamiento anormal que aparece y persiste a lo largo de toda la enfermedad. Únicamente deja de manifestarse cuando la persona pierde la capacidad de expresar lo que piensa. Este comportamiento puede empeorar mucho debido al estrés, la ansiedad, la depresión y determinados fármacos o enfermedades.

La persona, al repetir la pregunta una y otra vez, queda atascada en un tema o idea y no puede desvincularse de ella. Dado que no *recuerda* la respuesta que se le da, no aprende la nueva información y vuelve a formular la pregunta. Es como tener una melodía en la cabeza y no poder liberarse de ella.

A menudo la repetición de una pregunta es un primer signo de ansiedad o nerviosismo y, si esa reiteración se consiente, la ansiedad o el nerviosismo irán en aumento. Una mujer incapaz de expresarse puede preguntar repetidamente y de manera apremiante: «¿Dónde está la cocina?», cuando en realidad lo que está buscando no es la cocina sino el cuarto de baño. Hasta que no se satisfaga su necesidad de utilizar el cuarto de baño continuará formulando la misma pregunta y se irá poniendo nerviosa ante la falta de comprensión mostrada por el cuidador.

Determine cuál es el motivo que conduce a repetir la pregunta. Trate de establecer cuál es la causa subyacente. La mujer que tenía que acudir al médico estaba nerviosa debido a que desconocía el motivo por el cual tenía que ir a visitarse. Su familia no se lo había dicho o, si lo había hecho, ella se había olvidado. Es probable que si se hubiera enfocado el tema desde diversos puntos de vista, ella se hubiera calmado. La familia podía haberle preguntado por qué estaba preocupada, si le asustaba la perspectiva de ser ingresada en el hospital o si tenía miedo de que la intervinieran quirúrgicamente. Una vez que ella hubiera expresado sus preocupaciones, se le podía haber dado la confianza necesaria y, en caso de que no hubiera sido capaz de expresar sus temores, por lo menos hubiera aplacado su nerviosismo general.

El tratamiento del problema

Valórese a sí mismo como cuidador. ¿Cómo le hacen sentir las repeticiones de las preguntas? ¿Se enfada, se pone nervioso, le preocupa o le frustra (probablemente habrá un poco de cada una de estas manifestaciones)? Usted necesita centrarse, controlar sus emociones y desarrollar un plan de actuación.

Olvídese de todo lo que ha hecho antes de recuperar el control de la situación. Intente respirar profundo y aclare su cabeza. Desarrolle mentalmente su estrategia y llévela a cabo cuando se le vuelva a formular una tanda de preguntas. Practique lo que tiene que decir. Recuerde que cuando el enfermo realiza las preguntas está preocupado y nervioso, y que no es consciente de que está formulando la misma pregunta una y otra vez. Céntrese en su propio comportamiento e intente ofrecer distintas respuestas; plantee el reto de descubrir qué es lo que funciona y qué es lo que no. Manténgase al margen; no se deje atrapar por el nerviosismo del enfermo. Impóngase el objetivo de no perder el control de la situación. Sea consciente de lo que dice; su tono de voz y sus emociones influirán en las respuestas que proporcione. Si todavía se siente nervioso, trate de divertirse o relájese, por ejemplo, dando un paseo.

Otras cosas que se pueden hacer

- Sea paciente y mantenga la calma (para ello puede ser necesario un esfuerzo consciente y el aprendizaje de algunas técnicas).
- Repita la respuesta con palabras sencillas.
- Anote las respuestas de aquellas preguntas que se le formulen frecuentemente o que se hayan realizado con anterioridad y, si usted no vive con el enfermo, déjelas junto al teléfono. Es posible que al leer esta información el enfermo quede satisfecho y no tenga que recurrir a llamarle.

Otras cosas que se deben evitar

- No pierda la tranquilidad ni haga callar a la persona.
- No dé respuestas complicadas.
- No advierta a la persona con excesiva antelación que tiene que acudir al médico.

- No conteste al teléfono si está alterado por la gran cantidad de llamadas recibidas. Adquiera un contestador automático y no escuche las llamadas hasta que esté preparado para afrontar la situación.

EL BAÑO Y EL VESTIDO

En la fase cinco (véase la escala FAST descrita más arriba) las personas con Alzheimer suelen tener problemas para bañarse y vestirse. Muchos enfermos se resisten a aceptar la ayuda de sus cuidadores porque se quieren bañar y vestir solos. Estos dos problemas se abordan de manera conjunta porque sus causas son comunes y las estrategias para afrontarlos son similares.

La comprensión del problema

Las causas de los problemas para bañarse o vestirse pueden ser físicas o médicas. La depresión provoca que una persona pierda el interés por sí misma. La enfermedad física también motiva una pérdida de interés, energía y capacidad para el cuidado personal. Los cambios en el cerebro también pueden ser los responsables de esta actitud.

La causa puede hallarse asimismo en los factores ambientales. La falta de intimidad, especialmente cuando el enfermo se encuentra en una institución, es también problemática. Una mala iluminación hará que la persona tenga dificultades para ver la bañera o la ducha, o las piezas de ropa en el armario. Puede que la habitación esté excesivamente caliente o fría, o que sea ruidosa e incómoda.

Los problemas pueden ser debidos también a otras circunstancias. Tal vez la tarea sea excesivamente complicada o el espacio de tiempo durante el que el enfermo puede mantener la atención muy corto. Es posible que se haya olvidado el propósito de la tarea. En ocasiones el enfermo tiene la sensación de que es forzado por el cuidador. La fatiga puede constituir un factor. A veces la persona tiene miedo a caerse, o siente un temor generalizado y está ansioso.

El tratamiento del problema

El baño: escoja el momento del día en que la persona esté menos nerviosa. Esto evitará que la tenga que forzar a entrar en la bañera o en la ducha. Si la persona se inquieta, abandone la tarea, espere otro momento más propicio y entonces vuélvalo a intentar. Sea creativo con las rutinas. Intente recurrir a pequeños trucos como abrir el grifo para indicar que es el momento de la ducha. Anime a la persona para que colabore lo máximo posible en las tareas cotidianas. Es posible que a algunas personas les asuste el chorro de agua de la ducha y que prefieran un baño pausado con alguien que les ayude. Procure que la habitación esté lo suficientemente cálida y confortable. Cierre la puerta y las persianas para preservar la intimidad. Asegúrese de que dispone de todos los elementos de seguridad, como por ejemplo alfombrillas antideslizantes bien fijadas. Si estos esfuerzos para animar a la persona no son suficientes, puede intentar obsequiarle con un pequeño lujo (cualquier cosa es válida). El baño se debe preparar con antelación para tenerlo todo organizado y dispuesto. Entre las personas que padecen Alzheimer el baño constituye un problema universal. Si todos los esfuerzos fracasan, recurra al baño con menos frecuencia, o recurra a otras alternativas como la limpieza con una esponja humedecida.

El vestido: mantenga una rutina respecto al momento de vestirse y evite demoras o interrupciones en el proceso. Asegúrese de que la habitación está lo suficientemente cálida como para sentirse cómodo y cierre la puerta y las persianas para preservar la intimidad. Si el enfermo tiene capacidad para ello, permita que elija algunas de las prendas que se va a poner (por ejemplo, ofrézcale una blusa azul y una blanca). Emplee prendas sencillas, que se pongan por la cabeza; evite los lazos, las cremalleras y los botones. Utilice velcro y gomas elásticas. Esto puede ayudar a mantener por más tiempo la independencia de la persona. Existen prendas especialmente diseñadas para personas con Alzheimer.

ENFADO, AGRESIVIDAD Y AGITACIÓN

La señora Allen fue a ver al médico en una silla de ruedas para una visita de urgencia. Tenía un ojo inflamado y hematomas en los brazos y en el pecho. La mujer lloraba porque su marido, hacía unos pocos días, había perdido el control y le había propinado unos puñetazos. Ignoraba por completo el motivo por el cual su marido había reaccionado de esta manera. Era lo que menos esperaba. Él entró en la cocina mientras preparaba la comida y de repente empezó a gritar. Cuando ella le dijo que se calmara, él empezó a golpearla.

El señor Allen se encuentra en las fases iniciales del Alzheimer. Ha perdido la memoria a corto plazo y le frustra mucho no poder recordar las cosas. Es una persona pulcra y le gusta saber dónde se encuentra todo.

La señora Allen describió con mucho detalle lo sucedido. Hacía sólo una semana que había regresado a su casa después de haber estado ingresada en el hospital para que le colocaran una prótesis de cadera a causa de la artritis que padecía. Mientras permanecía en el hospital, el señor Allen había estado solo en casa. Su hija y unas empleadas del hogar se encargaban de prepararle la comida. La señora Allen abandonó pronto el hospital, puesto que no quería dejar solo a su marido.

El día de la pelea, ella le había pedido que bajara al sótano para coger unas pechugas de pollo que tenía congeladas. Él bajó y regresó con una pieza de ternera. La señora Allen lo envió de nuevo abajo. Esta vez trajo pan. En el tercer intento, después de pasarse en el sótano casi quince minutos, subió sin nada. Había olvidado lo que tenía que coger. Cuando su mujer se lo recordó él sostuvo que en el frigorífico no había pollo. El señor Allen cada vez estaba más y más nervioso y su mujer más y más frustrada. Él empezó a gritarle, pero ella lo volvió a enviar al sótano porque necesitaba el pollo para hacer la comida. Una vez más él insistió en que no había pollo en el frigorífico. La mujer lo envió abajo por quinta vez. Estaba convencida de que a su marido le daba pereza ponerse a buscar; sin embargo, ella, debido a su operación, no podía bajar a echar un vistazo. Pensaba que lo hacía para fastidiarla, puesto que él prefería ternera. Esta vez su marido volvió con el paquete de ternera. Cuando la señora Allen le aseguró que no cocinaría ternera, él empezó a gritar y, finalmente, perdió el control y comenzó a golpearla.

Ella no podía entender realmente lo que había sucedido. Estaba totalmente trastornada con la cadera y con el dolor que le producía, así como con el enfado de su marido. Él no recordaba el incidente en absoluto y no tenía ni idea de cómo su mujer se había hecho esos hematomas. La señora Allen tenía la sensación de que su marido era un ingrato, dado que ella había regresado antes del hospital precisamente para cuidarlo a él.

La comprensión del problema

La señora Allen podía haber evitado este incidente si hubiera intentado situar el comportamiento de su marido en el contexto de su enfermedad. Ella cometió varios errores. En primer lugar, pensó que él estaba actuando así para fastidiarla; creyó que se trataba de una rebeldía deliberada. Esto casi *nunca* es así. Pidiéndole que hiciera algo que él era incapaz de hacer, lo colocaba en situación de equivocarse una y otra vez. Cuando él fracasaba en sus tentativas, ella le reprendía. Cada vez que tenía que bajar de nuevo al sótano, su frustración aumentaba. Quizás en realidad no había pollo en el frigorífico; tal vez su hija lo había utilizado mientras ella estaba en el hospital. Pero no le importaba. La señora Allen se podía haber acomodado a la situación y haber accedido a utilizar la ternera. Podía haberse dado cuenta de que su marido se estaba poniendo progresivamente nervioso y haber rectificado. Pero a ella le dolía la cadera, se sentía frustrada, y se dijo: «Ya no aguanto más». Su respuesta provocó que la situación empeorara cada vez más.

El comportamiento agresivo puede abarcar desde la irritabilidad y el nerviosismo, hasta los malos tratos verbales e incluso la agresión física violenta. A los cuidadores les asusta este comportamiento, que constituye para ellos la principal dificultad. Casi el 20 % de los enfermos con Alzheimer, porcentaje que se eleva al 50 % cuando se trata de personas que viven internados en centros, muestra alguna vez comportamientos agresivos. El número de agresiones verbales casi duplica al de las físicas. La agresividad es más frecuente entre los hombres y es más habitual en determinados tipos de demencia. Este comportamiento es más frecuente en la demencia del lóbulo frontal (véase el capítulo 7) que en la enfermedad de Alzheimer.

Antes de que las personas se vuelvan físicamente agresivas atraviesan varias etapas en las que se van intensificando los rasgos que caracterizan el comportamiento agresivo. La violencia física se suele situar en la etapa final. La tabla muestra las diferentes fases de la agresividad, al tiempo que ofrece consejos para responder a esta actitud.

Normalmente, la agresión se produce cuando los enfermos se sienten amenazados, o piensan que otros están intentando lastimarles o quitarles algo, o cuando los cuidadores intentan forzarlos para que hagan algo. Es más probable que el comportamiento agresivo se manifieste cuando se intenta prestar algún cuidado íntimo, como por ejemplo cuando se les ayuda a bañarse o a ir al lavabo; o cuando se intenta disuadirlos de que lleven a cabo alguna actividad, como por ejemplo salir a la calle. Es también probable que las personas con la enfermedad de Alzheimer se muestren irritables y se enfaden, llegando incluso a ser agresivas, cuando están cansadas o cuando se interrumpen sus rutinas. Si se levantan por la noche y se sienten desorientadas y confundidas, pueden volverse hostiles y beligerantes. Recuerde que reaccionan de múltiples maneras frente al dolor, o incluso frente a la incomodidad que les puede causar un estreñimiento o la vejiga urinaria llena.

La agresión se puede dar en un ambiente lleno de actividad, en el que hay demasiados extraños y excesivo ruido, cuando el enfermo se sorprende, se asusta, o si se siente inseguro, perdido, aislado, temeroso, abandonado o incluso celoso. El enfermo se puede ofender si el cuidador lo insulta, se muestra nervioso o le infringe malos tratos, o si lo apremia o hace que se sienta más frustrado pidiéndole que lleve a cabo tareas que ya no es capaz de efectuar. A menudo, las personas se tornan más iracundas e irritables si se las abruma con excesiva información. Si al enfermo se le ofrecen excesivas alternativas al mismo tiempo o si se formulan demasiadas preguntas simultáneamente, permitiendo así que aflore su problema y que se manifieste su frustración, surge el sentimiento de enfado.

ETAPAS DE LA AGRESIVIDAD Y RESPUESTAS ACONSEJADAS

Fases de la agresividad	*Respuesta del cuidador*
Ansiedad	Escuchar de forma activa
Impaciencia e inquietud	Permanecer en calma, en actitud amistosa, amable, intentando desviar la atención hacia otras cuestiones
Dificultades para mantener el contacto visual	Demostrar interés de forma sosegada
Caminar impaciente, deambular, alzar el tono de la voz, hablar más deprisa, interrumpir	Adoptar una actitud calmada y emplear un tono de voz tranquilizador
Terquedad y resistencia	*Aconsejar y calmar*
Tono de voz más fuerte, actitud resistente y retadora	Respuestas claras, concisas y simples
Beligerancia, actitud amenazante y retadora	Marcar unos límites, indicar la dirección adecuada
Puños apretados, actitud desatenta	Retroceder
Falta de control	Pedir ayuda
Acción agresiva	Actitud autoprotectora
Descontrol	Retirarse
Gritos, golpes, patadas, empujones, zarandeos, mordiscos, arremetidas	Protegerse uno mismo y a los demás; sólo contener si es absolutamente necesario y siempre que se cuente con la suficiente ayuda
Secuelas	*Cuidados*
Arrepentimiento, cansancio, vergüenza, actitud apenada, retractación, tristeza, falta de conciencia del suceso agresivo	Identificación del comportamiento y de los factores desencadenantes; alivio de la tensión no necesariamente dirigida al cuidador; perdón y soporte

Muchas veces existe una razón médica por la cual las personas súbitamente se vuelven agresivas. Lo primero que debe hacerse es descartar la existencia de una causa física para este comportamiento. Determinados fármacos, como los sedantes o los antihistamínicos, pueden provocar enfado y agresividad. Esto se denomina *desinhibición*: la persona pierde sus inhibiciones y hace cosas que de otra forma no haría. Las personas que precisan determinadas ayudas, como unas gafas o un audífono, y no cuentan con ellas son más propensas a malinterpretar las intenciones de los demás, debido a que no perciben correctamente lo que se les transmite y, por lo tanto, no entienden lo que está sucediendo alrededor suyo. Es posible que se asusten y se sientan amenazados y que, frente a esto, respondan con una agresión. Si estos problemas se producen por la tarde, cuando la luz empieza a cambiar (al atardecer) encienda todas las luces y siente a la persona en una habitación bien iluminada. Si la manifestación de la agresividad tiene lugar cuando se pide al enfermo que realice ciertas actividades, revise su audífono. El ruido de fondo proveniente de la radio o la televisión puede provocar problemas con la discriminación del sonido. Una limitación auditiva puede ser la causa de un habla ininteligible, lo cual puede conducir a una mala interpretación de lo que se dice y a una falta de comprensión.

¿Cómo afecta el problema a la persona? Alguien que tenga ataques de agresividad puede lesionarse o herir a otras personas. El aumento de la presión arterial que se produce aumenta el riesgo de padecer un infarto, una apoplejía u otras afecciones. La persona dice cosas que tal vez no desea decir y hiere emocionalmente al cuidador. Después del arrebato el enfermo se siente exhausto.

¿Cómo afecta el problema al cuidador? A menudo, los cuidadores se asustan y avergüenzan cuando sus seres queridos se enfadan. Es posible que experimenten toda una gama de emociones, desde un sentimiento de culpabilidad (si tienen la impresión de que lo sucedido es culpa suya), hasta enfado, frustración, sufrimiento, depresión y desesperanza. La cólera y la agresión física son lo que colman la paciencia de algunos cuidadores: «Hasta aquí podíamos llegar. Esto ya es demasiado para mí. No lo voy a soportar más».

El tratamiento del problema

Durante un episodio de agresividad, aproxímese a la persona con cuidado y establezca contacto visual con ella. Procure que parezca que domina la situación. Evite gestos o posturas que puedan sobresaltar al enfermo, o que parezcan intimidatorias, como apretar los puños. Nunca le dé la espalda a una persona abiertamente agresiva. Manténgase alejado del espacio inmediatamente circundante a la persona y guarde la distancia. Evite determinados gestos, como señalar con el dedo, y evite también gritar. Si se siente amenazado no se enfrente a la persona; simplemente márchese. No trate nunca de contener al enfermo cuando esté enfadado. Apártese hacia un lado o sitúese detrás de él, hasta que el ataque de ira haya remitido. No intente impedirle el paso si se dirige hacia una puerta para salir al exterior; esto normalmente empeorará las cosas. Si la persona le amenaza, asegúrese de que no tiene a su alcance cuchillos u otros objetos que pueden emplearse a modo de arma. Abandone la estancia si percibe que la situación es peligrosa. Llame a los vecinos, a su familia, al médico o a un teléfono de emergencia para que le ayuden.

Cuando haya finalizado el episodio, anote los posibles desencadenantes de la agresión y las medidas que usted ha adoptado. Desarrolle y evalúe distintas estrategias para evitar o disminuir este tipo de comportamiento en el futuro. Posteriormente, es posible que el enfermo no recuerde el episodio y piense que usted lo está inventando. La percepción de la realidad que tiene el enfermo puede ser completamente distinta a la suya.

Si los arrebatos de ira son habituales o violentos, será preciso que consulte a un médico para que prescriba un tratamiento. Son muchos los fármacos que se utilizan para reducir o evitar el comportamiento violento. Si la persona tiene ideas delirantes (usted no es mi esposa, ésta no es mi casa, hay extraños en la casa, hay personas que están robando en casa, etc.) y, a causa de las mismas, se está volviendo agresiva o violenta, es imperativo que busque tratamiento. Las personas que tienen ideas delirantes tienen una mayor probabilidad de desarrollar un comportamiento agresivo.

Otras cosas que se pueden hacer

- Recuerde que la frustración de la persona aumenta debido a su pérdida de memoria y a la confusión que le invade; y que se siente enfadada debido a la enfermedad, no por causa suya.
- Intente calmar a la persona con la voz, tacto y manifestaciones de cariño. Trate de relajarla con la música, la comida, las bebidas, un abrazo o un beso (cualquier cosa que usted crea que pueda apaciguar a la persona y hacer que el enfado pase más rápidamente).
- Evite aquellos factores desencadenantes que usted sepa que harán que el enfado empeore.

Otras cosas que se deben evitar

- No se enfade.
- No quede atrapado por los sentimientos del enfermo.
- No trate de argumentar o razonar mientras la persona está enfadada.
- No se haga responsable de todos los problemas comportamentales.
- No se sienta culpable.
- No se tome como algo personal las manifestaciones de ira.

IDEAS DELIRANTES, ALUCINACIONES Y PARANOIA

La señora Poulin acompañó al señor Poulin a la clínica, pues, según explicaba ella, su marido constantemente quería «irse» a su casa. Se levantaba por la noche e intentaba echarla de la cama. El hombre argumentaba que vendría su madre y se enfadaría mucho al verlo acostado con una extraña.

La comprensión del problema

Ideas delirantes: frecuentemente, las personas que padecen Alzheimer piensan que sus padres todavía están vivos, que sus cónyuges son unos impostores o que no están viviendo en su propia casa. Piden que se les retorne a su hogar, a menudo a una casa que tuvieron en la niñez y que no han visitado desde hace cincuenta o más años. Algunos creen que sus cónyuges les son infieles.

EL ENFOQUE DE LOS COMPORTAMIENTOS SEXUALES

Todo el mundo precisa el contacto físico, los abrazos y el afecto, incluso las personas que padecen Alzheimer. Lamentablemente, algunos de estos enfermos no son capaces de expresar sus necesidades de una forma socialmente aceptada. Esto conduce a comportamientos tales como desnudarse en público, masturbarse, tocar a los demás de forma inapropiada, hacer proposiciones sexuales que están fuera de lugar o insinuarse de forma indebida. Para afrontar estos problemas lo primero que debe hacer es no tomarse en serio estas actitudes. Recuerde que a menudo estas personas no son conscientes de lo que hacen. Es posible que se hayan sacado la ropa porque desean ir a la cama o al cuarto de baño, o bien porque tienen calor. Averigüe cuáles son los motivos de ese comportamiento. No regañe ni ridiculice a la persona, pero dígale con discreción que su forma de actuar es inapropiada. Lleve a la persona a un lugar privado o distráigala con la comida o con una actividad. Tenga en cuenta que algunas de sus muestras de afecto pueden ser mal interpretadas y fomentar estas actitudes.

Las ideas delirantes, o creencias en cosas que no son ciertas, son habituales en la enfermedad de Alzheimer. La persona que las padece sostiene firmemente su punto de vista, a menudo pese a existir pruebas evidentes del error, y se suele mostrar reacia a la persuasión o a la lógica. Una idea delirante frecuente es creer que alguien está robando dinero. Por ejemplo, el señor Poulin ocultó su dinero en el armario. Posteriormente se quejó de que su hijo se lo había robado. Si después hubiera encontrado el dinero en el armario podría haber argumentado que su hijo lo había escondido allí, o que lo había devuelto al escucharlo llamar a la policía.

Alucinaciones frente a ideas delirantes: las alucinaciones son experiencias sensoriales que no son compartidas por otras personas. En las alucinaciones visuales se ven cosas que no son reales; en las auditivas se oyen sonidos inexistentes.

A menudo, los enfermos de Alzheimer tienen alucinaciones visuales y auditivas. Con mayor frecuencia, malinterpretan lo que ven y lo que oyen. Por ejemplo, cuando están viendo un debate por televisión es posible que empiecen a conversar con los participantes en el programa, como si realmente estuvieran con ellos. Cuando termina el programa, no entienden que esas personas se hayan marchado. También puede suceder que piensen que son mucho más jóvenes de lo que en realidad son, o que conversen con la fotografía del cónyuge muerto o de otros miembros de la familia.

La alucinación más frecuente es la de suponer que hay un extraño en la casa.

El extraño en el espejo

Recientemente, una mujer fue conducida al médico por sus familiares debido a que sostenía que había un extraño en la casa. Se aconsejó a la familia que cubriera los espejos de toda la vivienda, porque cuando la mujer veía su imagen reflejada no se reconocía a sí misma. Veía la imagen de una anciana mujer observándola y aquélla no le era familiar. El consejo fue efectivo, al cubrirse los espejos la mujer desapareció.

Unos meses más tarde, la mujer regresó al médico para que le efectuara una nueva revisión. El doctor le preguntó a la hija acerca del extraño y ésta le contestó que el suceso tan sólo se había vuelto a producir una vez. La anciana acudió a la boda de su nieta que se celebró en un gran hotel de la ciudad; cuando tuvo que acudir al lavabo para refrescarse miró hacia un enorme espejo que había colgado en la pared y señalándolo exclamó: «Sabía que estarías aquí. Hacía demasiado tiempo que no te veía».

¿Cómo afecta el problema a la persona? Las ideas delirantes y las alucinaciones incrementan la confusión de los enfermos que pa-

decen Alzheimer. En algunos casos son como viajeros del tiempo abandonados a su suerte. Han perdido la memoria de lo sucedido los últimos veinte años y no se acuerdan de sus hijos, ni de que se han mudado a una nueva casa, ni de que están jubilados. Ahora viven en un mundo extraño, intentando desentrañar el sentido de las cosas. No hay que asombrarse de que quieran regresar a su casa. Quieren regresar a unos momentos más felices, cuando tenían el control sobre sus vidas.

Estas ideas delirantes son habituales y, en la medida de lo posible, tienen que ser ignoradas. Tranquilice a la persona, pero no haga hincapié en estas ideas. El trastorno únicamente debe tratarse con fármacos si provoca que la persona esté enfadada, asustada o violenta, o si hace que se dedique a deambular. Si las ideas delirantes no están relacionadas con un problema comportamental, sencillamente ignórelas. Por ejemplo, si un enfermo de Alzheimer ocasionalmente se dirigiera a su esposa (que supongamos se llama Ann) al entrar ésta en la habitación y le dijera: «¿Ha visto usted a Ann?», su esposa podría actuar saliendo de la estancia y volviendo a entrar. En un caso así cabría la posibilidad de que al entrar la segunda vez él la reconociera y exclamara: «¡Ah, estás aquí!». Si el comportamiento continuara repitiéndose, ella podría mostrarle algunas fotos recientes de los dos juntos y, con delicadeza, convencerlo de que ella era su esposa. También podría actuar haciendo broma sobre el percance, echándole la culpa a la mala vista de él o al horrible peinado de ella, asegurando que era urgente acudir a la peluquería, o que su aspecto era tan excelente debido a su nuevo vestido.

¿Cómo afecta el problema al cuidador? Los cuidadores que desconocen los trastornos de las ideas delirantes y las alucinaciones pueden creerse al enfermo y pensar, por ejemplo, que hay ladrones intentando entrar en la casa. Otra posibilidad es que los cuidadores se asusten e insistan en la necesidad de un tratamiento. Es importante que los cuidadores entiendan este comportamiento y las causas subyacentes al mismo.

Paranoia: la paranoia es consecuencia de una falta de juicio que conduce a interpretaciones irreales del mundo. Se culpa a los demás de acciones que no han cometido. El enfermo está convencido de que le están intentando robar o hacer daño y no puede ser disuadido de lo contrario. No sirven de nada los intentos que se hagan para explicar o aclarar los hechos; las personas con Alzheimer rechazan cambiar de idea o son incapaces de ello.

El tratamiento del problema

Los enfermos de Alzheimer quedan aislados socialmente debido a su incapacidad para comunicarse e interactuar con los demás de forma efectiva. Los familiares que no son reconocidos, o a quienes se acusa de robar, suelen evitar al enfermo, lo cual contribuye a acentuar el aislamiento. Quienes padecen esta enfermedad realmente necesitan el apoyo social y la orientación que otras personas les pueden proporcionar. Cuando se les evita, el problema empeora.

Al igual que sucede con el comportamiento agresivo, lo primero que debe hacerse es descartar otra causa médica para este trastorno. Hay que asegurarse de que no se está administrando algún fármaco, ya sea por prescripción facultativa ya sea libremente sin receta médica, que pueda ser la causa del problema o que lo esté empeorando. Enfermedades, infecciones, deshidratación, dolor, estreñimiento grave o caídas pueden provocar ideas delirantes y alucinaciones. En estos casos, normalmente, se puede mejorar el trastorno a través de un tratamiento adecuado.

Recuerde que intentando razonar o argumentar con la persona lo único que conseguirá es reafirmar el mundo «irreal» y la paranoia, así como aumentar el nerviosismo, el enfado y la confusión. Por ejemplo, imaginemos a un hombre que despierta a su cuidador por la noche y le dice que quiere irse a visitar a su padre. En lugar de contestarle: «Pero si tu padre hace treinta años que está muerto», sería mejor decir: «Lo debes echar mucho de menos», o bien: «Lo quisiste mucho, ¿verdad?». Esto hace que se abra la conversación, permitiendo que el enfermo rememore el pasado y exprese sus sentimientos. Si se refuerza la realidad diciendo: «Tu padre está muerto», el enfermo se sentirá privado de su padre. Permita que la persona hable sobre sus sentimientos, incluso cuando esté confundida respecto a los hechos. La reafirmación de esos sentimientos es más eficaz que procurar orientar al enfermo respecto a la realidad. Usted debe situarse en su plano y no intentar traerlo a él a su realidad. El enfermo no puede cambiar. La decisión de adaptarse le corresponde a usted.

Para conseguir que el enfermo esté de buen humor, con un estado de ánimo relajado y distraído puede emplear múltiples recursos: música, ejercicio, animales domésticos, pintura, dibujo, vídeos, álbumes de fotos, cría de pájaros, visitas a los amigos… Si es posible ignore las ideas delirantes y las alucinaciones. No se tome las acusaciones como algo personal. Recuerde que no es posible hacer que desaparezcan por completo. Lo más que usted puede hacer es adoptar alguna medida para que se mantengan dentro de ciertos límites.

Otras cosas que se pueden hacer

- Réstele importancia a los episodios en los que el enfermo sufra ideas delirantes, alucinaciones y paranoia. Probablemente acabarán remitiendo.
- Si es posible recurra al sentido del humor.
- Mantenga las rutinas.
- Apague el televisor o sintonice un canal en el que hagan un programa no violento. Las voces del televisor lo pueden confundir.
- Si hay «extraños en casa» cubra los espejos.
- Baje el volumen de la radio.
- En la medida en que ello sea posible, mantenga el entorno ordenado y sin distracciones.
- Anote en un diario los momentos y los lugares en los que se producen las ideas delirantes y las alucinaciones. Trate de descubrir cuáles son los factores desencadenantes y elimínelos.

Otras cosas que se deben evitar

- No trate de convencer a la persona de que está equivocada. Es bastante probable que olvide todos los argumentos que le

ofrezca; una y otra vez cometerá el mismo error y esto hará que usted se sienta frustrado.
- No se preocupe ni se enfade.
- No piense que la persona actúa de una determinada forma para molestarle.
- No le regañe.

Recuerde también que en algunos casos el enfermo puede tener razón. Verifique sus preocupaciones, incluso en aquellos casos en los que sospeche que se trata de ideas delirantes. Las personas mayores también pueden ser objeto de abusos. Hay muchas personas y organizaciones que se aprovechan de los ancianos, desde negocios aparentemente legítimos que los confunden ofreciéndoles regalos si envían determinadas cantidades de dinero, hasta engaños flagrantes en los que se les pide el número de la tarjeta de crédito o se les venden aspiradoras o servicios que no necesitan. Con frecuencia, los ancianos o las personas que están confundidas son víctimas de robos o acosos. Por ello, no es descabellado barajar la posibilidad de que alguien entre en casa con intención de robar.

Una historia con moraleja

Un hombre se quejaba al administrador del edificio de apartamentos donde se alojaba de una inmensa serpiente que había en el cuarto de baño. El hombre cada vez estaba más nervioso. La Sociedad protectora de animales inspeccionaba el cuarto de baño una y otra vez, pero no encontraba ningún rastro de la serpiente. Al final ingresaron al hombre en una institución, se le administraron fármacos e incluso se le sometió a un tratamiento de electroshock para sus «ideas delirantes». Mientras estaba en la institución psiquiátrica, el administrador del edificio decidió desahuciarlo puesto que el personal del hospital opinaba que podía ser perjudicial hacerlo regresar al mismo apartamento. El administrador estaba recogiendo todas las pertenencias del enfermo cuando al entrar en el cuarto de baño, ¡quién lo iba a decir!, se encontró de frente con una boa constrictor de dos metros de longitud. El administrador gritó asustado. La boa se deslizó bajo el lavabo y desapareció.

Resultó que el vecino del apartamento de abajo tenía ilegalmente al animal en su cuarto de baño. La boa regularmente pasaba a través de las tuberías hacia el apartamento de encima, para un cambio de ambiente.

CAMINAR ERRÁTICO

El caminar sin rumbo es habitual en la enfermedad de Alzheimer. La mayoría de las personas en algún momento de su vida y determinadas circunstancias adoptan este comportamiento. El caminar sin rumbo de tipo aleatorio tiene lugar cuando una persona se traslada de un lugar a otro pero no sabe dónde se dirige. En un lugar seguro esto no entraña ningún problema. Sin embargo, cuando las personas deambulan por la calle o en una estancia hospitalaria pueden tener problemas o causárselos a los demás. El caminar sin rumbo de tipo intencionado ocurre cuando la persona olvida dónde se encuentra o adónde se dirigía, y ello le impulsa a escapar. A menudo, las personas que vagan sin rumbo por las calles no llevan la ropa adecuada a las inclemencias meteorológicas y son extremadamente vulnerables.

La comprensión del problema

Con frecuencia, este comportamiento se debe a que los enfermos no saben cómo expresar sus necesidades. Por ejemplo, es posible que una persona desee ir al lavabo y sea incapaz de expresar este deseo. Cabe incluso que ignore lo que pretende y que esto sea la causa de que se sienta ansioso y agitado y de que deambule sin rumbo en busca de no se sabe qué. De igual manera, el caminar errático puede venir motivado por el hambre, el dolor o el estreñimiento (o tal vez se desee marchar porque un determinado lugar resulta extraño y poco familiar).

Los factores ambientales pueden contribuir a que aumente el riesgo a que este comportamiento se manifieste. Puede ocurrir que haga un calor excesivo o mucho frío; o que el lugar sea demasiado ruidoso o exageradamente tranquilo. También es posible que el enfermo desee ir a recoger a los niños al colegio, o acudir al trabajo, todo ello fundamentado en memorias del pasado que ahora resurgen y cobran una apariencia de realidad al haberse perdido los recuerdos inmediatos.

Por la noche, es posible que el enfermo se levante, no reconozca el dormitorio ni la casa y se marche en busca de su familia o su «hogar». Cabe que esté asustado por un sueño o una pesadilla. El deambular nocturno es muy perturbador para los cuidadores, que pueden pasarse años sin poder conciliar el sueño más que de forma ligera, por miedo a que sus seres queridos se escapen. Además, es posible que a diario tengan que batallar con el enfermo que, como está muy nervioso, está decidido a escapar.

El tratamiento del problema

La más importante de las consideraciones es la que concierne a la seguridad del enfermo. Dentro de casa y en los alrededores, retire los obstáculos y despeje el terreno, de forma que el enfermo tenga el mayor espacio posible para pasear. Para satisfacer y controlar el impulso del enfermo de merodear, llévelo a pasear por el vecindario. Desplácese siempre en círculo, de manera que la ruta conduzca inevitablemente a casa. Advierta a los vecinos que la persona padece Alzheimer, de esta manera si en alguna ocasión la ven sola, especialmente si no va vestida de una forma adecuada, le podrán avisar a usted, o bien aproximarse a ella y con delicadeza guiarla a casa.

Asegúrese de que la persona realiza el ejercicio necesario. Quite de en medio todos aquellos objetos que favorezcan este comportamiento: abrigos, zapatos para salir al exterior, paraguas, bastones, bolsos, sombreros, etc. Si todos esos objetos no están a la vista es posible que el enfermo no piense en salir.

Anticípese a los desencadenantes físicos de este comportamiento, como el hambre, la sed, la necesidad de ir al lavabo, el dolor o la ansiedad. Aprenda a «interpretar» el estado de inquietud y experimente para encontrar un incentivo adecuado que ayude a mantener al enfermo en casa (por ejemplo, la comida o una actividad física que sea de su agrado). Anote en un diario aquellas diversiones que sean eficaces, aunque esa eficacia sea sólo momentánea.

Un entorno cómodo constituye el método más efectivo para convencer a la persona de que no salga. Coloque los objetos que sean familiares para el enfermo esparcidos por toda la casa, de forma que cree una atmósfera acogedora y menos intimidatoria. Ponga música que le guste al enfermo. Puede ser útil colocar fotos en las puertas de las distintas habitaciones a fin de que puedan ser reconocidas. Por ejemplo, puede poner una foto del lavabo en la puerta del cuarto de baño, y una foto de una cama en el dormitorio. Cuanto más confiado y cómodo se sienta el paciente, menos probable es que usted se tenga que enfrentar a problemas de comportamiento.

Otras cosas que se pueden hacer

- Inscriba a la persona en el Registro de Personas Perdidas previendo cualquier futuro incidente.
- Adopte las medidas de seguridad oportunas en todo el ámbito del hogar, incluyendo las zonas exteriores, para permitir pasear de forma segura. Instale un sistema de alarma si la persona tiene tendencia a escaparse.
- Cuando sea posible, haga que la persona lleve consigo un documento de identificación o, mejor todavía, anímele para que se coloque un brazalete de alerta médica en el que rece «Pérdida de memoria», o «Enfermedad de Alzheimer», con el número del Registro de Personas Perdidas.
- Póngase en contacto con el Registro de Personas Perdidas tan pronto como sepa que se ha extraviado el enfermo, para que la policía inicie la búsqueda lo antes posible.
- Alerte al vecindario sobre el riesgo que corre el enfermo de extraviarse y pacte posibles soluciones.
- Cuando la persona se haya extraviado, mantenga la calma.
- Siga un plan preestablecido, que contemple las siguientes actuaciones:

— Rápidamente inspeccione toda la casa o el edificio, todas las salidas, tanto la parte delantera del inmueble como la parte posterior, mire las calles adyacentes en todas direcciones y las rutas familiares que podría haber tomado la persona.

— Llame al Registro de Personas Perdidas.

— Tenga a mano el número de registro del enfermo y una fotografía reciente.

— Recuerde lo que el enfermo llevaba puesto.

— Siga las instrucciones de la policía.

— Llame a todos los familiares, vecinos y amigos a fin de que le ayuden.

• Ayude y cuide al enfermo cuando regrese.

• Trate de mantener al enfermo despierto y activo durante el día, para conseguir que duerma durante la noche. Si usted se tiene que levantar por la noche de forma continuada, consulte con el médico; tal vez pudiera prescribir unas pastillas para dormir.

Otras cosas que se deben evitar

• No argumente con la persona, ni intente contenerla físicamente; ello puede provocar que se enfade y se vuelva agresiva. Si no se consigue modificar su conducta, proporciónele ropa de abrigo y calzado adecuado, entonces salga a pasear con ella o sígala a distancia.

• No asegure la casa con cerraduras y pestillos que no pueda abrir rápidamente si hay una urgencia. El personal que pueda acudir en caso de emergencia necesitará acceder al interior lo más rápidamente posible.

• No se deje llevar por el pánico si no puede encontrar al enfermo. La mayoría de las veces las personas que se dedican a deambular regresan por su propio pie, o las encuentran por el vecindario.

• No salga corriendo, a pie o en coche, intentando localizar al enfermo usted mismo. La policía sabe cómo tiene que hacer su trabajo, llámelos rápidamente. Si el enfermo regresa y no hay nadie en casa, es posible que se vuelva a marchar.

Capítulo 7

Otros tipos de demencia

Aunque existen más de sesenta causas conocidas para la demencia, la enfermedad de Alzheimer es con diferencia la más frecuente, ya que a esta enfermedad cabe atribuir el 60 % de los casos. Hay otro porcentaje de casos, que oscila entre el 15 % y el 20 %, en los que además del Alzheimer se presentan como posible factor de la demencia las pequeñas apoplejías múltiples. Esto significa que el 75 % de las personas que sufren demencia padecen también Alzheimer, ya de forma aislada, ya junto con pequeñas apoplejías múltiples.

La aterosclerosis («endurecimiento de las arterias») de los vasos sanguíneos del cerebro, la cual provoca las apoplejías múltiples, es la siguiente causa más común y significa entre el 15 % y el 20 % de los casos. El restante 5-10 % se debe a diversas enfermedades degenerativas del cerebro.

APOPLEJÍA

Bill hacía sólo una semana que se había jubilado cuando sufrió su primera apoplejía. El día antes se sentía perfectamente y él y su esposa se habían acostado a la hora normal después de jugar una partida al bridge con sus amigos. Cuando Bill se despertó a la mañana siguiente no podía salir de la cama; por mucho que lo intentara era incapaz de levantar su pierna derecha y sacarla de debajo de la ropa de la cama. Su mano derecha no tenía la suficiente fuerza para levantar la manta (aunque no le dolía, no obedecía a sus intenciones). Podía ver que su mano era como de trapo, inútil y extraña. Intentó despertar a su mujer, que estaba acostada a su lado, pero no atinaba a pronunciar el nombre de «Carol», que así es como se llamaba su esposa. Podía pensar en el nombre, pero no era capaz de articular el sonido con su boca y lo máximo que conseguía era exhalar un confuso gruñido. Al final consiguió que se despertara después de zarandearla con su mano buena. Ella entendió la situación de inmediato y llamó a una ambulancia para que trasladaran a su marido al hospital. El médico confirmó que Bill había sufrido una apoplejía y decidió su ingreso. Bill permaneció en el hospital durante los siguientes tres meses y, después de someterse a varias semanas de fisioterapia, se le dio el alta y regresó a su casa. Sólo podía andar con una bastón y tenía la mano derecha inutilizada. Hablaba de una forma muy confusa, aunque Carol le podía entender.

Dos meses más tarde, Bill sufrió lo que el médico denominó una «pequeña apoplejía». Una tarde después de comer, su cara se entu-

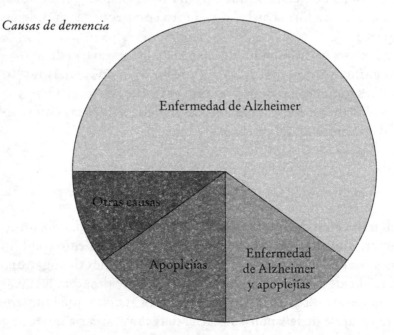

Causas de demencia

meció y perdió el habla por completo (su flácida boca únicamente era capaz de articular unos sonidos apagados e ininteligibles). Se recuperó, pero en las dos semanas siguientes sufrió otras dos «pequeñas apoplejías» de características similares. Carol tuvo la sensación de que después de lo sucedido su marido ya nunca más sería el mismo. Ella notaba que Bill estaba más irritable y que era menos atento. Parecía frustrarse con facilidad y rompía a llorar ante el más mínimo contratiempo. Percibía cómo su marido se apartaba emocionalmente de ella y, aunque ella trataba de ser alegre, había noches en las que su marido, sentado en la silla de ruedas al lado de la ventana, mirando al exterior, sollozaba.

Ella explicaba que era como si Bill estuviera muriéndose a trozos, desde la cabeza a los pies.

¿QUÉ ES UNA APOPLEJÍA?

Una apoplejía es una repentina pérdida de la función cerebral causada por una interrupción del riego sanguíneo en alguna zona del cerebro. Normalmente es indolora y tiene lugar de forma rápida. A menudo, se presenta de improviso. La parte del cerebro afectada ya no vuelve a funcionar correctamente (deja de cumplir la función que unos minutos antes desarrollaba regularmente). Los síntomas y los signos de la apoplejía dependen del área del cerebro afectada. Las apoplejías pueden ser masivas y sus efectos son fatales de inmediato, pero también pueden provocar alteraciones muy sutiles. La apoplejía de Bill le produjo debilidad en la mano y la pierna derechas, así como dificultades en el habla (lo cual es una característica común); sin embargo, también pueden causar debilidad en los ojos y en la cara, problemas de memoria y de comprensión, mareos, caminar vacilante, confusión, comportamientos inapropiados o cualquier otro problema neurológico, incluyendo la demencia.

La apoplejía tiene lugar cuando se interrumpe el normal flujo sanguíneo en una zona del cerebro, provocando que las células de esa área mueran. Las apoplejías suelen producirse cuando las arterias, que previamente ya se han estrechado debido a la aterosclerosis (acumulación de sustancias grasas en las paredes de la arteria), quedan completamente bloqueadas. Esta obstrucción ocurre o bien debido a que la acumulación de sustancias grasas llega a impedir el paso de la sangre o bien debido a que un *émbolo*, que es una minúscula partícula que arrastra la sangre, queda adherido a la superficie irregular del vaso sanguíneo estrechado y lo bloquea.

Aunque la mayoría de apoplejías se deben a una obstrucción de una arteria, algunas se producen también cuando la aterosclerosis debilita la pared del vaso sanguíneo hasta el punto en que se rompe y ello provoca una hemorragia sanguínea en el tejido cerebral. En estos casos, la sangre que se esparce por el tejido cerebral daña las células y causa su muerte.

Tanto si las células cerebrales mueren a causa de la falta de suministro sanguíneo, como si la muerte celular es consecuencia de una hemorragia, el resultado es prácticamente el mismo; la parte del cerebro afectada no vuelve a funcionar correctamente. El término médico adecuado para describir una apoplejía es «accidente cerebrovascular» (accidente en los vasos sanguíneos del cerebro).

DEMENCIA MULTI-INFARTO

Cuando se interrumpe el flujo sanguíneo y las células mueren el proceso se denomina *infarto*. Si el área afectada es una parte del cerebro responsable de la memoria o de la capacidad de comprensión, estas funciones cerebrales ya no volverán a ser normales. Si varias arterias pequeñas del cerebro quedan lesionadas estamos ante un infarto múltiple. La enfermedad de Alzheimer no se puede diagnosticar sin descartar previamente la *demencia multi-infarto*. Clínicamente, la demencia multi-infarto difiere del Alzheimer en diversos aspectos. En lugar de aparecer de una forma gradual, a menudo, la demencia multi-infarto empieza con un percance específico (la apoplejía inicial) y progresa paso a paso durante meses o años cada vez que se produce una apoplejía. En ocasiones, debido a que la apoplejía ha sido relativamente pequeña, la persona no percibe ninguna pérdida concreta repentina de la función cerebral, sino únicamente el declive general de la demencia, que no se puede distinguir de la enfermedad de Alzheimer. Ambas enfermedades producen una disminución de la capacidad intelectual, del razonamiento, de la capacidad de cálculo y de la memoria. (En términos anatómicos, para que se produzca demencia han de quedar dañados entre 50 y 100 mililitros de tejido cerebral, pero a menudo los daños en 10 mililitros ya son suficientes para que la función intelectual empeore.) En una tomografía axial computadorizada o TC de la demencia multi-infarto, las pequeñas áreas en que se produce la muerte de las células cerebrales se ven como espacios vacíos o agujeros denominados *lacunae* (que es un término latino que significa «lago»).

La *enfermedad de Binswanger* es un tipo de demencia provocada por una disminución crónica del flujo sanguíneo en la sustancia blanca del cerebro, que conduce a una cicatrización de esa materia. Puede estar asociada con los pequeños multi-infartos y, a menudo, se da en personas con la presión sanguínea alta.

CAUSAS DE LA DEMENCIA MULTI-INFARTO

Dado que el mayor número de apoplejías son consecuencia del debilitamiento de las paredes arteriales, lo cual predispone a que la arteria se bloquee o a que se sufra una hemorragia, cualquier factor que haga aumentar el riesgo de padecer aterosclerosis (como un alto nivel de colesterol en sangre, fumar, presión arterial alta, diabetes…) provoca también un aumento del riesgo de sufrir una apoplejía. La hemorragia cerebral es más frecuente en aquellas personas que tienen la presión arterial alta; los émbolos se suelen presentar en quienes padecen arritmias, especialmente la fibrilación auricular. Es importante identificar esta causa de la demencia, puesto que a través de la prevención de los factores de riesgo de la aterosclerosis se puede evitar que progrese esa demencia (contrariamente a lo que sucede con la enfermedad de Alzheimer, donde no se puede hacer nada en absoluto para evitar el empeoramiento de la afección). Hay un 20 % de personas que padecen Alzheimer que también sufre pequeñas apoplejías múltiples, que contribuyen al empeoramiento de la capacidad intelectual.

Flujo sanguíneo cerebral deficiente

En la época en la que vivió el doctor Alzheimer, los médicos creían que la mayoría de problemas mentales de los ancianos se debían al riego sanguíneo deficiente del cerebro (una especie de estrangulación de este órgano esencial). En la actualidad, sabemos que esto no es cierto. La mayoría de las personas que padecen la enfermedad de Alzheimer de forma exclusiva no tienen ningún problema importante de riego sanguíneo cerebral. Sin embargo, los problemas de flujo de sangre al cerebro pueden provocar daños en este órgano (como apoplejías) e incluso demencia. Normalmente, las apoplejías producen signos locales significativos (como en el caso de Bill, que padecía de debilidad). No obstante, estos signos dependen en gran medida de la cantidad de tejido cerebral dañado y del lugar donde se produce la lesión. Es posible sufrir apoplejías «silenciosas», esto es, daños repetidos en pequeñas áreas del cerebro poco funcionales, cuya lesión es difícil de apreciar por este motivo. A menudo, estas pequeñas apoplejías múltiples causan daños acumulativos y, pese a que cada una de ellas individualmente no se aprecia, el efecto global que tienen conduce a una disfuncionalidad del cerebro, que provoca demencia. La persona puede quejarse de una falta de memoria, o mostrar problemas de conocimiento o de desarrollo de sus capacidades, o tal vez puede ser incapaz de llevar a cabo lo que antes hacía (muchos de los síntomas del Alzheimer), pero en realidad la causa subyacente son los daños acumulativos que se producen en las células cerebrales debido a la interrupción del suministro de sangre.

LA DEMENCIA DEL SÍNDROME DE DOWN

El síndrome de Down es una enfermedad genética que fue descrita por primera vez en 1886 por el médico inglés John Langdon Down. Las personas que padecen este síndrome heredan un cromosoma más y esto provoca limitaciones en su desarrollo físico e intelectual. El síndrome se da en 1 de cada 700 nacimientos. La causa de este cromosoma extra no se conoce, pero el riesgo de heredar la enfermedad aumenta correlativamente a la edad de la madre en el momento del nacimiento.

Casi todas las personas con el síndrome de Down que viven más allá de los 35 años padecen cambios en sus cerebros idénticos a los característicos de la enfermedad de Alzheimer, incluyendo las placas y las marañas neurofibrilares. En un estudio, el cerebro del 90 % de los enfermos de síndrome de Down que habían fallecido a la edad de 30 años, o más, mostraban estos cambios. Sin embargo, no todas estas personas se habían vuelto dementes; esto es, no todas experimentaban una pérdida de memoria y las anormalidades de razonamiento habituales de la enfermedad de Alzheimer. Esto puede ser debido a que el 65 % de quienes sufren el síndrome de Down tienen un CI notablemente bajo (oscila entre 20 y 50; y, en cambio, el CI normal se sitúa alrededor de 100) y a que es posible que las pruebas estándar de evaluación psicológica no sean tan efectivas detectando el deterioro mental en estas personas como lo son en personas con una inteligencia media. Muchas personas con síndrome de Down sufren un deterioro mental al hacerse mayores: pierden la capacidad de cuidar de sí mismas, el lenguaje y las técnicas de comunicación experimentan un declive, pueden volverse retraídas y menos interesadas en la interacción social, es posible que se dediquen a deambular y, debido a su comportamiento, puede ser difícil tratar con ellas y llegan a ser ingobernables; todas ellas son características típicas del Alzheimer. Sin embargo, sólo entre el 30 % y el 50 % de las que superan los 35 años muestran este tipo de deterioro mental, pese al hecho de que en el 90 % de los casos se aprecian en el cerebro los cambios típicos del Alzheimer. Por alguna razón desconocida, hay algunos enfermos de síndrome de Down que experimentan pocos cambios en sus capacidades mentales, pese a esos signos neuropatológicos.

Las pruebas señalan que existe una conexión entre el síndrome de Down y la enfermedad de Alzheimer. Cuál es esa relación y por qué motivo las personas con el síndrome de Down en ocasiones parecen librarse de un empeoramiento del deterioro mental, son cuestiones que no están claras.

LA DEMENCIA DEL SIDA

La infección con el virus del sida (VIH) puede producir una demencia conocida como «demencia compleja del sida». La mayoría de las personas con una demencia compleja del sida padecen un sida manifiesto (esto es, tienen signos y síntomas de una disminución de su inmunidad) cuando los cambios mentales se hacen evidentes. Sin embargo, en casi el 20 % de los casos, los cambios mentales son el primer signo de que algo está sucediendo.

Con el sida se produce una notable disminución de la resistencia a infecciones de todo tipo y las infecciones de organismos oportunistas como hongos, bacterias y otros virus pueden producir distintas alteraciones en la función cerebral. Por lo tanto, el diagnóstico de la demencia del sida no es fácil. Sin embargo, en los casos típicos de demencia compleja del sida los enfermos sufren pérdida de memoria y tienen problemas de concentración, así como un enlentecimiento de los procesos del pensamiento y del habla. Se vuelven apáticos y retraídos; las dificultades mentales suelen aumentar lentamente y el curso típico de la enfermedad se caracteriza por una actitud indiferente y una discreta confusión. En un número pequeño de casos se padece agitación y psicosis.

A menudo, la demencia compleja del sida mejora con la administración de fármacos antivirales para combatir el virus del sida.

HIDROCEFALIA

Tanto el cerebro como la médula espinal están suspendidos en una sustancia líquida poco espesa denominada *líquido cefalorraquídeo*, que nutre y protege estos órganos vitales. Este líquido se produce en el interior del cerebro y se filtra a través de un complicado sistema de conductos y cámaras para bañar los tejidos; posteriormente se reabsorbe. Cualquier obstrucción en el flujo de este líquido puede provocar una acumulación excesiva del mismo en el cerebro; se trata de una enfermedad denominada *hidrocefalia* (palabra que proviene del griego y que significa «agua» y «cabeza»).

En un niño recién nacido este aumento en la cantidad de líquido dentro del cerebro puede distender los huesos del cráneo que todavía son maleables y la cabeza puede llegar a adquirir un tamaño bastante grande. Sin embargo, normalmente en los adultos la acumulación de líquido cefalorraquídeo se produce gradualmente, sin que haya cambios en la apariencia externa del cráneo. El aumento de presión interfiere en la función cerebral normal y puede causar una demencia, con un comportamiento que no se puede distinguir del característico de la enfermedad de Alzheimer.

En los adultos la hidrocefalia produce tres síntomas comunes:

1. Inestabilidad al andar y pérdida del equilibrio. Las mayores dificultades se producen en las escaleras y en los bordillos. Las caídas son frecuentes. Andar con amplia base de sustentación y debilidad en las piernas. Éste puede ser un proceso progresivo y finalmente andar puede llegar a ser muy difícil.
2. Incontinencia de orina, que al principio se manifiesta con una sensación de urgencia urinaria, seguida de una pérdida de control de la micción. Posteriormente se puede producir una incontinencia total e incluso una actitud de indiferencia hacia el problema.
3. Demencia, imposible de distinguir del comportamiento propio de la enfermedad de Alzheimer, que es consecuencia del exceso de presión en el cerebro.

Normalmente, una tomografía axial computadorizada o TC permite diagnosticar la hidrocefalia, dado que la acumulación anormal de líquido puede observarse fácilmente. No todas las hidrocefalias son reversibles; sin embargo, en muchos casos la demencia mejora o incluso desaparece por completo cuando se drena el exceso de líquido y se reduce la presión.

LA ENFERMEDAD DE PICK

A principios de este siglo, un psiquiatra checo llamado Arnold Pick describió varios casos que había visto en su despacho de Praga. Se trataba de pacientes que padecían una demencia que progresaba rápidamente; sin embargo, la enfermedad difería de la que había descubierto su colega el doctor Alzheimer en que estos enfermos eran mucho más inestables emocionalmente, experimentaban cambios de personalidad en una fase muy temprana del trastorno, al tiempo que padecían una desinhibición mucho mayor ya desde los primeros momentos del curso de la enfermedad. Normalmente, eran conducidos al psiquiatra debido a que, bajo determinadas circunstancias, mostraban una falta de discernimiento muy acusada, o algún tipo de comportamiento que no era aceptable socialmente. El doctor Pick observó que el habla de muchos de estos enfermos era una mezcla ininteligible de palabras y frases inconexas. Sus estados de ánimo eran extremos; algunos parecían estar apáticos y retraídos; otros, en cambio, se comportaban de forma completamente opuesta (excesivamente jocosos y frenéticos). El doctor Pick opinaba que estos enfermos podían padecer un tipo de demencia distinto del descrito por el doctor Alzheimer.

Cuando al efectuar la autopsia se examinaban los tejidos cerebrales de estas personas, podía verse que diferían significativamente de los tejidos cerebrales de los enfermos de Alzheimer. Se observaba una atrofia marcada (disminución de tamaño) del cerebro, sin embargo esta atrofia no afectaba a todo el órgano, como sí sucede en una fase avanzada de la enfermedad de Alzheimer; se extendía sólo a dos áreas del córtex, el lóbulo frontal y el lóbulo temporal. A menudo, en la enfermedad de Pick, el cerebro aparece muy delgado en estas dos áreas del córtex (mucho más delgado que en la enfermedad de Alzheimer; de hecho, se ha dicho que es como un «papel delgado, como el fruto de una nuez deshidratada»). Curiosamente, esa delgadez se interrumpe bruscamente y la parte del cerebro que está inmediatamente a continuación queda relativamente intacta. Además, el doctor Pick observó que los cambios en esta enfermedad abarcan todo el grosor de los lóbulos frontal y temporal, contrariamente a lo que sucede en la enfermedad de Alzheimer, que afecta únicamente a la capa externa, al córtex. Bajo el microscopio se aprecia que los neurofilamentos están en el interior de las células del cerebro, igual que sucede en el tejido cerebral de los enfermos de Alzheimer. Sin embargo, en la enfermedad de Alzheimer los neurofilamentos están retorcidos en forma helicoidal; en cambio en la enfermedad de Pick los filamentos están rectos. En la enfermedad de Pick también se observan las placas seniles, pero en absoluto hay tantas como en el Alzheimer.

En la actualidad se sabe que ambas son enfermedades completamente distintas. La enfermedad de Pick representa sólo entre el

1 % y el 2 % de todas las demencias, es más frecuente en mujeres y parece progresar de forma más rápida en personas más jóvenes. La causa es desconocida. Existen algunas pruebas de que existe una predisposición genética.

Muchas veces es imposible distinguir la enfermedad de Pick de la enfermedad de Alzheimer, salvo cuando se efectúa una autopsia, ya que los síntomas y los signos son muy similares. Dado que el lóbulo frontal queda más afectado en la enfermedad de Pick, en ésta es más frecuente observar signos y síntomas de anormalidad en este lóbulo, que es el responsable del conocimiento, de la capacidad social de la persona y del tacto; y es el que controla o filtra las emociones. En consecuencia, muchas de las personas que padecen la enfermedad de Pick sufren un deterioro de su capacidad de relación social en un momento temprano del curso de la enfermedad. Son menos diplomáticas, efectúan peores juicios de valor respecto a las relaciones sociales, son menos inhibidas y experimentan cambios en su personalidad. Tienen problemas con su sexualidad (tales como actividad sexual inapropiada, exhibicionismo, uso incontrolado de expresiones con connotaciones sexuales e incluso promiscuidad). Los cambios en el estado de ánimo son a menudo acentuados, desde la apatía hasta la euforia. El deterioro del carácter y de la sociabilidad aparece antes que otros cambios propios de la demencia, incluyendo la pérdida de memoria. Estas personas tienen problemas para planificarse y conseguir objetivos. Ya desde una fase inicial de la enfermedad se producen cambios destacados en el lenguaje, el cual se deteriora rápidamente.

Tanto en la tomografía axial computadorizada, o TC, como en la resonancia magnética nuclear, o RMN, se puede apreciar la marcada disminución de tamaño de los lóbulos frontal y temporal, pero normalmente un diagnóstico seguro sólo se puede hacer con la autopsia.

DEMENCIA DEL LÓBULO FRONTAL

No ha sido hasta recientemente que esta demencia se ha descrito y diagnosticado como una nueva enfermedad. Parece ser una variante de la enfermedad de Alzheimer, con un marcado retraimiento del lóbulo frontal, pero sin los cambios celulares que se pueden apreciar en la enfermedad de Pick. Por lo tanto, parece ser una mezcla de estas dos enfermedades, con características de ambas. Es mucho más frecuente que la enfermedad de Pick.

A menudo, los síntomas de la demencia del lóbulo frontal se suelen presentar en personas más jóvenes y, debido a que la atrofia del lóbulo frontal es el daño cerebral característico, suelen experimentar cambios progresivos en su personalidad y crisis en su conducta social. Frecuentemente su higiene personal es deficiente, su capacidad de iniciativa sufre una notable merma, pierden capacidad de comprensión, experimentan un desinterés general por los demás y una falta de afinidad (especialmente con sus familiares). Su comportamiento se vuelve rígido e inflexible y suelen repetir tareas simples como lavarse las manos, dar palmadas de forma rítmica, o llenar y vaciar el contenido de una bolsa. Estos enfermos no entienden el motivo por el cual se ven impulsados a realizar estos actos de forma repetitiva, pero quedan muy trastornados emocionalmente si interrumpen estas actividades. Los problemas de los demás parecen no afectarles. Es habitual que cambien sus pautas dietéticas: es posible que se excedan comiendo, o bien que restrinjan su dieta a una pequeña variedad de alimentos.

LA DEMENCIA COMESTIBLE

El 1957, el doctor Carlton Gajdusek asombró a la comunidad científica y médica de todo el mundo con su estudio sobre un misterioso trastorno cerebral progresivo, que era transmitido por los caníbales.

La enfermedad fue descubierta en las tierras altas de la isla de Nueva Guinea entre la población de una tribu de la Edad de Piedra denominada tribu de los fore. Esta demencia, que tenía unas rápidas consecuencias mortales, era frecuente entre las mujeres y los niños de la región montañosa. Los miembros de esta tribu creían que esto se debía a un rito mágico que el enemigo efectuaba sobre la víctima. La enfermedad empezaba a manifestarse con dificultades para andar (un paso vacilante) y, a continuación, evolucionaba rápidamente, producióndose entonces temblores musculares, así como dificultades para hablar y una debilidad creciente. Los fore denominaban a esta enfermedad *kuru* (una palabra que en su lengua significa «el escalofrío o el temblor asociado al miedo o al frío»). La enfermedad progresaba implacable y se perdía la coordinación y la fuerza muscular, de tal manera que sus víctimas eran incapaces de mantenerse en pie o de permanecer sentadas sin ayuda. El habla se hacía ininteligible. Se producía a continuación una incontinencia tanto intestinal como urinaria; y entonces, de forma ya deseada, llegaban el coma y la muerte (normalmente de 6 a 12 meses después de la aparición de los temblores). Gajdusek demostró que el *kuru* estaba causado por una infección. Se inyectó a un chimpancé tejido cerebral de una víctima y 18 meses más tarde el animal desarrolló la enfermedad.

En la cultura de los fore, los ancianos eran muy respetados y era costumbre comerse los cuerpos y los cerebros de los fallecidos para conseguir su conocimiento y su experiencia. Las mujeres y los niños eran los encargados de preparar el cuerpo del difunto, una labor que incluía abrir el cráneo, extraer el cerebro y cocinarlo de forma ritual. Esto propiciaba la exposición de los dolientes a los organismos infecciosos, bien al comer el cuerpo del difunto, o bien a través del contacto con la piel, a través de úlceras o de las mucosas, al realizar la preparación de los tejidos muertos. De esta forma, la terrible enfermedad se transmitía de generación en generación a través de los ritos funerarios caníbales.

Desde que dejó de practicarse el canibalismo no se produjeron nuevos casos de *kuru*. El organismo infeccioso nunca ha sido aislado, pero en experimentos el *kuru* se ha transmitido a todo tipo de animales huéspedes, incluyendo cabras, terneros, visones, gatos, mapaches, ratones y conejos. En estos experimentos el método habitual de transmisión es coger una pequeña muestra de cerebro infectado e inyectarla directamente en el cerebro del animal experimental. Sin embargo, también se han realizado experimentos para demostrar que el *kuru* se puede transmitir a través de comida contaminada. En una investigación que se efectuó, se le dio a un chimpancé una mezcla de alimento sano con pequeñas muestras de cerebro de chimpancé infectado de *kuru*. Unos meses más tarde el animal desarrolló la enfermedad, con lo que se demostró que el *kuru* podía transmitirse con los alimentos. Se trata, pues, de una demencia comestible.

En contraste con la enfermedad de Alzheimer, la memoria queda relativamente bien preservada y tienen muy pocos problemas por lo que respecta a su orientación visual o espacial. En una primera fase de la enfermedad, las anormalidades del lenguaje no son importantes, aunque se suele producir un pérdida gradual de esta función a medida que avanza la enfermedad. Contrariamente a lo que sucede con el Alzheimer, la capacidad de relación social y de comprensión de estos enfermos queda afectada mucho más gravemente que su función mental en general, por ello su capacidad para el cálculo y el razonamiento queda relativamente bien preservada hasta una fase final de la enfermedad.

Aproximadamente el 50 % de las personas que padecen demencia del lóbulo frontal tienen un pariente cercano que padece demencia.

La enfermedad de Parkinson

En 1817, el médico inglés James Parkinson fue el primero en describir esta frecuente enfermedad. El Parkinson produce un temblor característico cuando se está en reposo, rigidez de movimientos, disminución de la movilidad y un modo de andar arrastrando los pies. Se trata de un deterioro progresivo de áreas específicas en la base del cerebro, que tiene como consecuencia una pérdida de un neurotransmisor denominado *dopamina*. Afecta aproximadamente al 1 % de la población de más de 50 años y más del 30 % de personas con la enfermedad de Parkinson desarrolla al final una demencia. Quienes acaban padeciendo una demencia suelen estar desorientados por la noche, con alucinaciones visuales y auditivas.

Los signos y los síntomas de la enfermedad de Parkinson se pueden tratar en parte con dopamina, que es la sustancia neurotransmisora que disminuye como consecuencia del proceso patológico. Por consiguiente, la demencia en un enfermo de Parkinson puede mejorar utilizando el fármaco. También, debido a que en el Parkinson la depresión es frecuente, muchas veces es útil administrar antidepresivos.

ENFERMEDAD DE LOS CORPÚSCULOS DE LEWY

Existe una enfermedad similar al Alzheimer denominada *enfermedad de los corpúsculos de Lewy*. En esta patología es posible observar en el interior de las células cerebrales unas anormales motas características de material denso. Aunque las peculiaridades de la enfermedad de Parkinson, como los temblores, están ausentes, las personas que sufren esta enfermedad tienen una mayor tendencia a la rigidez, a tener una postura encorvada y dificultades de movilidad. Los estudios tienden a situar la demencia de los corpúsculos de Lewy a medio camino entre la enfermedad de Parkinson y la de Alzheimer, con una combinación de signos de ambas enfermedades.

LA DEMENCIA PUGILÍSTICA

Cuando envejecen, es habitual que los boxeadores pierdan la memoria, sean lentos razonando y padezcan un deterioro del habla. Estos trastornos se deben a los repetidos golpes recibidos en la cabeza. Aunque cada uno de los puñetazos por separado no daña un área extensa del cerebro, a lo largo de los años la acumulación de traumatismos afecta al tejido cerebral lo suficiente como para que la función mental quede dañada y para que se produzcan los síntomas de la demencia. De forma similar, las lesiones repetidas en la cabeza por cualquier otro motivo (por ejemplo, accidentes automovilísticos) pueden causar alteraciones de la función cerebral e incluso demencia. El problema es similar al de la demencia multi-infarto, en la que las pequeñas apoplejías múltiples tienen un efecto acumulativo. En los boxeadores, a menudo están presentes los síntomas parkinsonianos de temblor, rigidez y caminar vacilante. En un estudio, por lo menos la mitad de los boxeadores profesionales a los que se les efectuó una tomografía axial computadorizada mostraban anormalidades y el número de cicatrices cerebrales estaba directamente relacionado con el número de combates profesionales en los que habían participado. El tejido cicatricial se distribuye de forma difusa por todo el cerebro. En la demencia pugilística (demencia del luchador) se observan los cambios neurofibrilares característicos de la enfermedad de Alzheimer; sin embargo, las placas seniles (que son un elemento muy importante en el diagnóstico del Alzheimer) no están presentes.

En varios estudios extensos, los traumatismos craneales (sufridos o no en combates de boxeo) se han asociado con el incremento del riesgo de padecer la enfermedad de Alzheimer, pero los datos obtenidos no son concluyentes. Es posible que los golpes repetidos en la cabeza, que causan daños microscópicos, puedan ser un factor desencadenante de todos o algunos de los cambios que se producen en la enfermedad de Alzheimer, o por lo menos predisponer de algún modo a la persona para que padezca tales cambios. Sin embargo, aunque la demencia pugilística puede tener algunos rasgos similares, no es en modo alguno idéntica a la enfermedad de Alzheimer.

LA ENFERMEDAD DE CREUTZFELDT-JAKOB

En la primavera de 1913, una empleada doméstica de 23 años, de nacionalidad alemana y llamada Bertha, fue conducida al University Hospital en la ciudad de Breslau, donde el doctor Alois Alzheimer era el director del departamento de neurología. La chica había sufrido un espectacular cambio de personalidad durante las semanas inmediatamente anteriores y se comportaba de forma extraña. No fue visitada por el renombrado doctor Alzheimer, pero la atendió uno de sus jóvenes ayudantes, el doctor Hans Gerhard Creutzfeldt, quien informó que la muchacha «no quiere comer ni lavarse, descuida su aspecto personal y va sucia. Adopta posturas particulares». El motivo de la visita fue que varios días antes, de forma repentina, «empezó a gritar que su hermana estaba muerta y que ella tenía la culpa... y que quería sacrificarse por lo sucedido». El doctor Creutzfeldt examinó a Bertha y observó signos de espasticidad en sus piernas, temblores intensos que le impedían moverse cuando lo intentaba y una curiosa oscilación del estado de ánimo, entre la agitación y la apatía. Pese a que sus problemas eran evidentes, tenía frecuentes «ataques de risa sin motivo alguno». La joven ingresó en el hospital y rápidamente desarrolló todos los signos de demencia, así como de epilepsia. Murió durante una crisis epiléptica. Todo el proceso de la enfermedad duró menos de seis meses.

En la autopsia, el doctor Creutzfeldt encontró una «notable disminución de las células grises en todo el cerebro» y, en lugares antes ocupados por neuronas, había unos extraños agujeros vacíos, o *vacuolas*. Estos espacios vacíos en el cerebro hacían que el órgano pareciera una inmensa esponja.

Un año después de que el doctor Creutzfeldt publicara en la prensa médica el caso de Bertha, un colega suyo de la Universidad de Hamburgo, el doctor Alfons Jakob describió varios casos más de esta demencia de rápida progresión que provocaba una pérdida de neuronas tan importante. A la nueva enfermedad se le dio el nombre científico de «encefalopatía espongiforme subaguda».

La enfermedad de Creutzfeldt-Jakob, tal como se conoce, es una causa de demencia poco frecuente, de la que sólo se han diagnosticado 3.500 casos. En Canadá, en un período de 15 años, desde 1979 hasta 1993, se atribuyeron 334 muertes a la enfermedad de Creutzfeldt-Jakob (aproximadamente 20 anuales). En todo el mundo el grado de difusión de la enfermedad se sitúa entre 0,45 y 1 caso por cada millón de habitantes y afecta a personas de todas las razas en todos los climas. En Estados Unidos es la responsable de unos 200 casos de demencia anuales. Entre el 10 % y el 15 % de estos casos tienen un historial familiar de esta enfermedad.

La demencia puede empezar repentinamente, pero a menudo las primeras molestias suelen ser ligeros mareos y debilidad; a éstas le siguen inmediatamente dificultades de coordinación y al caminar, así como problemas de visión. Siempre se produce una pérdida de memoria y pronto aparecen dificultades de razonamiento. La rigidez y los temblores restringen la movilidad. Aproximadamente en la mitad de los casos se produce ceguera y la inestabilidad emocional es frecuente. Son característicos los espasmos musculares, especialmente cuando la persona se asusta (esto produce una repentina e incoordinada reacción de muchos grupos musculares). Incluso en situación de reposo, es fácil que se produzcan ligeros temblores de diversas fibras musculares. La persona está fría y tiene escalofríos. La demencia progresa rápidamente hacia una discapacidad absoluta y un estado vegetativo. La muerte suele producirse al cabo de un año.

EL MAL DE LAS VACAS LOCAS

En 1985, veterinarios del Reino Unido reconocieron varios casos de un nuevo y extraño tipo de degeneración cerebral en vacas lecheras. Todos los animales afectados habían disminuido su producción láctea, se mostraban vacilantes, tanto al estar de pie como al caminar, y su comportamiento se volvía irritable e impredecible. Normalmente, las vacas son criaturas dóciles, de manera que los granjeros llamaban a estas vacas «locas», debido a su temperamento agresivo. La nueva enfermedad se atribuyó al uso de cerebros de oveja para alimentar a las vacas, una práctica iniciada en los últimos años de la década de los setenta en Gran Bretaña. Normalmente, las vacas obtienen las proteínas de las grasas y del grano; los cerebros de las ovejas se habían añadido a la alimentación como una fuente extra de proteínas, de la misma forma como en ocasiones se utiliza comida a base de extractos de pescado. Utilizar estas proteínas en lugar de deshacerse de ellas parecía una buena idea.

Lamentablemente, era un hecho conocido que las ovejas padecían un tipo particular de demencia, denominado *scrapie*. El nombre proviene del comportamiento de las ovejas infectadas, que muestran irritaciones en su cuerpo, tienen picores y se restriegan contra los postes, los árboles o la maleza de una forma tan vigorosa que a menudo se arrancan toda la lana. Las ovejas infectadas también tienen dificultades para andar y se tambalean, no comen y, finalmente, se vuelven ciegas y mueren. El *scrapie* se transmite fácilmente a otras especies animales, aunque el agente infeccioso nunca ha sido identificado. Los veterinarios temían que al alimentar a las vacas con cerebros de oveja infectados de *scrapie* se hubiera transmitido esta enfermedad a las vacas. Además, la temperatura en alguna de las plantas de fundido (que es el proceso a través del cual se funden todas las partes habitualmente desechadas de los cuerpos de los animales) se redujo, con lo cual el proceso de extracción de las grasas fue alterado. Puede que la temperatura inferior y las nuevas técnicas químicas para extraer las grasas posibilitasen la supervivencia del agente infeccioso del *scrapie* en la planta de fundido y que con ello se hubiera facilitado la propagación de la enfermedad.

En poco tiempo, en el Reino Unido el número de casos del mal de las vacas locas aumentó de forma espectacular (más de 37.000 en un año, comparado con los 150 casos anuales en el resto de Europa). En 1988 el gobierno prohibió el uso de tejidos de rumiantes (incluyendo el cerebro de la oveja) como alimento. El mal de las vacas locas es una demencia infecciosa y se ha demostrado que puede transmitirse de las vacas a otras especies animales, incluyendo los cerdos.

Lamentablemente, varios trabajadores de granjas lecheras, todos ellos expuestos al mal de las vacas locas, desarrollaron lo que parecía ser la demencia de Creutzfeldt-Jakob y, dado que el mal de las vacas locas se transmite a otras especies animales, preocupaba el hecho de que la enfermedad se hubiera transmitido de las vacas a sus cuidadores.

En marzo de 1996, en el Reino Unido los hechos tomaron un cariz preocupante, cuando se diagnosticaron diez nuevos casos de una nueva variante de la enfermedad de Creutzfeldt-Jakob. Esta nueva variante, que afectaba a personas mucho más jóvenes, empezaba con síntomas psiquiátricos, pero rápidamente evolucionaba hacia la demencia y la muerte. Lo más significativo era que los cambios que se producían en el cerebro eran médicamente distintos de los característicos de la enfermedad de Creutzfeldt-Jakob, aunque estaban relacionados con esta enfermedad. Se sospecha que esta nueva enfermedad es la enfermedad de las vacas locas que ha saltado la barrera de las especies de las vacas a los humanos. Pero no existe ninguna prueba directa de esto y nadie sabe con seguridad si el contacto con vacas infectadas o la ingestión de su carne puede causar demencia en los humanos.

En Canadá sólo se tiene constancia de un caso del mal de las vacas locas y ese animal había sido importado del Reino Unido. En Estados Unidos no se ha producido ni un solo caso.

¿Se puede tomar carne de vacuno? En Canadá y en Estados Unidos no hay pruebas de que la ingestión de carne suponga un riesgo de desarrollar demencia. En el Reino Unido no se puede responder a esta pregunta con seguridad, pero muchos indican que existe el riesgo (aunque muy pequeño) de contraer la enfermedad si se entra en contacto con partes animales infectadas.

La demencia de Creutzfeldt-Jakob es contagiosa. El tejido cerebral tomado de personas con la enfermedad e inyectado en chimpancés puede producir la demencia después de un período de incubación de un año o más. La enfermedad también se ha transmitido a otros primates, así como a gatos, cerdos, ratones y cobayas. Sin embargo, no todas las especies inoculadas han contraído la enfermedad. El agente infeccioso no ha sido identificado, pero hay constancia de que la enfermedad de Creutzfeldt-Jakob se ha transmitido entre humanos por un trasplante de córnea, por instrumental quirúrgico y por la inoculación de la hormona humana de crecimiento tomada de cerebros infectados por la enfermedad. No se ha documentado ningún caso de transmisión debida a una transfusión sanguínea. La enfermedad no se transmite fácilmente y no se ha constatado un aumento de la incidencia en las parejas de los afectados o en otros contactos próximos. No hay pruebas de que a través de las deposiciones, la orina, la saliva u otras secreciones se pueda transmitir la enfermedad.

Recientemente, se ha identificado una nueva variante de la enfermedad de Creutzfeldt-Jakob en diversas personas del Reino Unido y Francia. Aunque en el primer caso de la enfermedad de Creutzfeldt-Jakob, la paciente, Bertha, tenía sólo 23 años, normalmente, la enfermedad afecta a personas de entre cincuenta y sesenta años. Sin embargo, esta nueva variante afecta a personas mucho más jóvenes (la edad media es de sólo 27 años) y tiene diversas diferencias anatomopatológicas respecto a la afección clásica descrita años atrás. Estas nuevas variantes pueden estar relacionadas con la incidencia de la encefalopatía espongiforme bovina (EEB), la enfermedad popularmente conocida como «mal de las vacas locas».

Capítulo 8

¿Cuáles son las causas de la enfermedad de Alzheimer?

La herencia, sin duda, juega un papel muy importante en la enfermedad de Alzheimer. Aunque hasta el momento no se conocen todos los detalles, la herencia parece ser la única causa de la enfermedad de Alzheimer cuando ésta se presenta a una edad temprana. Sin embargo, en la mayoría de los casos (aquellos que aparecen después de los 60 años) parece que existen dos grupos de factores necesarios para que se produzca la enfermedad: por una parte, una predisposición genética; y, por otra, determinados factores, aislada o conjuntamente considerados, como inflamación; exposición a toxinas como el aluminio, infecciones virales, etc. Sin duda, tenemos mucho que aprender todavía sobre la forma en que se desarrolla la enfermedad de Alzheimer.

HERENCIA

Se ha observado que en algunas familias la mitad de sus miembros desarrolla la enfermedad de Alzheimer típica a una edad relativamente temprana (entre los 40 y los 50 años) y que la enfermedad afecta a varias generaciones. Esta denominada enfermedad de Alzheimer familiar representa únicamente entre el 5 % y el 10 % del total de los casos, pero este particular tipo se ha demostrado que es enteramente hereditario. El defecto genético puede pasar tanto al hombre como a la mujer de la siguiente generación y provoca la degeneración típica del Alzheimer en el 50 % de los niños que la heredan. Recientemente, los investigadores han descubierto que una anormalidad en el cromosoma 14 está presente en el 70 % de las familias con este tipo de Alzheimer familiar. Los defectos genéticos en el cromosoma 21 y en el cromosoma 1 están también relacionados con esta variedad de la enfermedad. Por lo tanto, este tipo de Alzheimer parece provenir de un defecto genético que por sí solo causa la enfermedad.

¿EL VINO PUEDE AYUDAR A PREVENIR EL ALZHEIMER?

Un estudio reciente efectuado en Bordeaux, Francia, indica la posibilidad de que el consumo de vino esté relacionado con una disminución de la incidencia de la enfermedad de Alzheimer. En este estudio en el que se tomó como muestra a 3.700 personas mayores de 65 años, la mayor incidencia del Alzheimer se daba en quienes no bebían nada de vino, o en quienes tomaban menos de un vaso a la semana. En contraste, quienes bebían entre dos y cuatro vasos al día experimentaban una incidencia significativamente inferior. Sin embargo, los investigadores pusieron de relieve que todavía no se había establecido una relación causa-efecto y advirtieron que el consumo excesivo de alcohol conlleva sus propios riesgos de problemas médicos. Las investigaciones actuales indican que no se deben exceder las dos bebidas de alcohol diarias, hasta un máximo de nueve dosis a la semana para las mujeres y catorce para los hombres. Se considera que una dosis equivale a 142 ml de vino, 341 ml de cerveza, 45 ml de licor o 90 ml de vino fortificado, como el oporto o el jerez. Los límites para un consumo seguro se ven afectados por determinados fármacos y por algunas enfermedades físicas. Si tiene alguna duda, consulte con su médico.

En el tipo más frecuente de Alzheimer (en el que no está clara la incidencia de la enfermedad en la familia y en el que los síntomas aparecen a una edad más avanzada), la opinión es que el papel de la genética es un factor que contribuye a la enfermedad, pero no de una forma dominante. Tener un hermano, un padre o un hijo al que se le manifiesta la enfermedad a una edad avanzada (después de los 65 años) aumenta el riesgo entre 3,5 y 4 veces; sin embargo, parece que hay otros factores que también son importantes. Los gemelos idénticos comparten exactamente los mismos elementos genéticos, por lo tanto si uno de ellos desarrolla la enfermedad de Alzheimer a edad avanzada existe el 80 % de probabilidades de que el otro hermano también la padezca. Así pues, otros factores distintos de los genéticos también deben desempeñar un papel en la aparición de la enfermedad. Es muy difícil separar el rol desempeñado por el factor genético del rol propio de los factores no genéticos, como agentes tóxicos, virus, inflamaciones, traumatismos craneales, etc. Su interrelación no se entiende del todo. Es posible que la herencia sólo haga que la persona sea propensa a la enfermedad y que sea necesario un desencadenante concreto para que aparezca.

¿FUMAR PROTEGE CONTRA EL ALZHEIMER?

Muchos estudios importantes han demostrado que los fumadores de cigarrillos tienen aproximadamente el 50 % menos de riesgo de desarrollar el Alzheimer que los no fumadores. Es posible que esto no sea debido a una relación causa-efecto (el fumar por sí mismo no hace que disminuya el riesgo de padecer Alzheimer, sino que simplemente puede estar asociado con otro factor que haga disminuir el riesgo).

Se ha demostrado que la nicotina, uno de los agentes químicos más potentes del humo del tabaco, mejora el rendimiento cognitivo en adultos normales sanos y en personas que padecen Alzheimer. No se sabe la forma en que esto sucede, pero es posible que facilite la acción neurotransmisora. La nicotina por sí misma tiene un efecto directo como neurotransmisora, mejorando la comunicación entre las células nerviosas. Asimismo, la presencia de la nicotina puede hacer que aumente la liberación de otros neurotransmisores, como la acetilcolina. Además, el uso crónico de esta droga hace que aumente el número de receptores de nicotina en el cerebro. Se sabe que cuando se padece la enfermedad de Alzheimer disminuye el número de receptores de nicotina en el cerebro. Por lo tanto, es posible que los fumadores, debido a que han incrementado el número de receptores de nicotina a lo largo de años de hábito, queden menos afectados por aquella disminución. (El consumo de cigarrillos también se ha asociado a la disminución del riesgo de padecer la enfermedad de Parkinson.)

Lamentablemente, fumar tiene unas consecuencias nefastas para la salud (enfermedad pulmonar crónica, cardiopatías, apoplejías, diversos tipos de cáncer, etc.). No se puede recomendar el tabaco como método para disminuir el riesgo de sufrir Alzheimer.

ANORMALIDADES CROMOSÓMICAS ESPECÍFICAS

- *Cromosoma 21*: se pensó que este cromosoma podía estar relacionado con la enfermedad de Alzheimer debido a que las personas con síndrome de Down, que tienen una copia extra de este cromosoma, sufren los cambios cerebrales característicos de la enfermedad de Alzheimer a una edad temprana. El cromosoma 21 tiene el gen de la proteína precursora del amiloide beta; la primera, si se altera, puede producir amiloide beta, sustancia química presente en grandes cantidades en las placas y en las marañas neurofibrilares, características de los cerebros de los enfermos de Alzheimer.
- *Cromosoma 19*: este cromosoma está relacionado con el Alzheimer de aparición tardía. El cromosoma 19 también lleva el gen para la apolipoproteína E, lo cual puede constituir un factor de riesgo.
- *Cromosoma 14*: las mutaciones en este cromosoma están relacionadas con el 70 % de los casos de Alzheimer de aparición temprana.
- *Cromosoma 1*: las mutaciones en este gen están también asociadas al Alzheimer de aparición temprana.

LA PROTEÍNA AMILOIDE BETA

En un intento de entender las causas de la enfermedad de Alzheimer, los investigadores del cerebro han centrado su estudio en los signos que revelan la existencia de la enfermedad: las placas neuríticas (seniles) y las marañas neurofibrilares. Se ha descubierto que las placas neuríticas contienen grandes cantidades de una sustancia química denominada *proteína amiloide beta*. Una proteína es sencillamente una cadena de aminoácidos. Como proteína, la amiloide beta es bastante pequeña, puesto que contiene sólo 40 aminoácidos. Se ha demostrado que resulta tóxica para las células nerviosas y se ha apuntado que tiene un papel central en los daños cerebrales que se producen en la enfermedad de Alzheimer.

La proteína amiloide beta es sólo un pequeño fragmento de una sustancia química mucho mayor denominada *proteína precursora del amiloide beta*, la cual está presente en todas las células nerviosas y ayuda a mantener las conexiones entre las células.

El gen para ambas proteínas está localizado en el cromosoma 21. Los defectos en este gen se han asociado con la enfermedad de Alzheimer de tipo familiar, en la cual las placas que contienen la proteína amiloide beta se desarrollan pronto, presumiblemente debido a que el defecto genético ha provocado que esa sustancia química se acumulara. En el síndrome de Down, una copia extra de este cromosoma está presente en todas las células del organismo. Por lo tanto, quienes padecen el síndrome de Down producirán el doble de cantidad de proteína amiloide beta; y de hecho se ha observado que desarrollan muchas placas neuríticas conteniendo esta sustancia química desde que la persona está próxima a cumplir 40 años.

Aunque el papel que desempeña la proteína amiloide beta en la enfermedad de Alzheimer está todavía lejos de ser totalmente comprendido, está claro que esta pequeña sustancia química es un elemento muy importante en el mecanismo de la enfermedad.

LA COMPRENSIÓN DE LA GENÉTICA

Las características humanas se transmiten de generación en generación a través de los *cromosomas*, que son estructuras en forma de bastoncillo que están presentes en todas las células del organismo. Cada individuo tiene 46 cromosomas agrupados en 23 pares y, dentro de cada par, un cromosoma se recibe del padre y el otro de la madre.

Los *genes* son unidades básicas que permiten que determinados atributos específicos y características pasen de una generación a la siguiente. Cada cromosoma lleva múltiples genes, como si fuera un cordel del que penden muchas cuentas. Los *alelos* son medios genes y normalmente son dos para cada atributo o característica, uno de cada progenitor. La combinación de alelos recibida determina qué características se manifestarán y cuáles se transmitirán a futuras generaciones. Algunos genes son *dominantes* y otros son *recesivos*; esto es, si el gen de un progenitor es dominante y el gen del otro es recesivo, la persona mostrará la característica dominante. Pero cualquier gen, dominante o recesivo, puede pasar a la generación siguiente. Se cree que la aparición temprana de la enfermedad de Alzheimer es un defecto genético provocado por la transmisión hereditaria de un gen dominante anormal.

LA ENFERMEDAD DE ALZHEIMER COMO METABOLISMO ANORMAL

Para funcionar correctamente a lo largo de la vida, el cerebro depende de la producción de proteínas y de otras sustancias químicas que interactúan de forma armónica. De hecho, la enfermedad de Alzheimer puede ser un error del metabolismo; es decir, puede ser consecuencia de la producción anormal de sustancias bioquímicas, o de sustancias bioquímicas normales que son metabolizadas de forma tal que se provoca una acumulación de productos de desecho que dañan las neuronas.

Los factores genéticos pueden ser responsables de la enfermedad, si un gen produce una sustancia química anormal o variante que provoque problemas biológicos. Esta situación es bien conocida en otras enfermedades; la gota es un buen ejemplo.

Se ha observado que una persona con un indicador genético en el cromosoma 19, que codifica un tipo específico de apolipoproteína, es mucho más propensa a desarrollar la enfermedad de Alzheimer. Las apolipoproteínas son moléculas cuyo cometido principal es transportar grasas al interior de diversos órganos, aunque también tienen la importante función de curar las inflamaciones que se producen en el interior del cerebro. Las anormalidades en las apolipoproteínas están relacionadas con un notable incremento en la incidencia de la enfermedad de Alzheimer. De nuestros padres heredamos los dos medios genes, o alelos, para las apolipoproteínas (un medio gen del padre y un medio gen de la madre). Hay tres tipos de alelos apolipoproteicos (Apo E 4, Apo E 3 y Apo E 2), de forma tal que son posibles diversas combinaciones. Las personas que heredan dos copias de la apolipoproteína 4 tienen aproximadamente 8 veces más probabilidades de desarrollar el Alzheimer de lo que es habitual. Si sólo se hereda una copia de apolipoproteína 4 (de cualquiera de los progenitores), la probabilidad de padecer la enfermedad es 3 veces superior a lo normal, aunque si aparece lo hará en un momento más tardío. Los investigadores han postulado que biológicamente la apolipoproteína 4 no actúa tan bien como las restantes apolipoproteínas y que esta apolipoproteína anormal produce cambios en el interior de la célula que inician un proceso en cascada que conduce al Alzheimer. Por otra parte, la Apo E 2 parece desempeñar un papel protector y hace que disminuya el riesgo de padecer la enfermedad.

Sin embargo, el problema no es tan sencillo. Entre un 15 % y un 20 % de ancianos normales tienen dos copias del gen de la apoliproteína 4 y, sin embargo, no tienen ningún signo de la enfermedad. Por otra parte, algunos ancianos que padecen Alzheimer no tienen ningún gen de la apoliproteína 4. Por lo tanto, el gen de la Apo 4 no siempre es necesario para que se produzca la enfermedad de Alzheimer.

PRUEBAS PARA DETERMINAR EL RIESGO DE PADECER ALZHEIMER

Es posible analizar la presencia de Apo E 4, pero no constituye una prueba útil para determinar el riesgo de padecer Alzheimer. La presencia de Apo E 4 no es un dato suficiente para saber si alguien desarrollará la enfermedad; simplemente determina la existencia de una probabilidad.

Por otra parte, y como factor a añadir a esta incertidumbre, si una persona es consciente de que tiene un mayor riesgo de contraer la enfermedad de Alzheimer, puede padecer depresiones, tener sentimientos de impotencia y perder gran parte de la alegría de vivir debido a un problema que todavía no ha aparecido y que tal vez no aparezca jamás.

EL ALUMINIO Y EL ALZHEIMER

El aluminio, en forma de silicato de aluminio, es un metal común que constituye el 8 % de la corteza terrestre. Es imposible evitar encontrárselo y está presente en más de trescientos minerales distintos. También se encuentra en recipientes de cocina, latas, moldes para el horno y en determinados alimentos como el queso, el té y la cerveza. El aluminio se absorbe fácilmente a través de la piel, el tracto gastrointestinal, los pulmones y las mucosas nasales. Se ha demostrado que afecta a muchos procesos biológicos distintos en el interior del cerebro (así como a enzimas, ADN, estructuras y filamentos intracelulares, membranas de los lípidos y neurotransmisores).

Por diversas razones, se sospecha que el aluminio puede estar relacionado con la enfermedad de Alzheimer.

EL ALUMINIO PUEDE SER TÓXICO

El aluminio inyectado a conejos por debajo de la piel provoca la degeneración de los nervios periféricos; y cuando se inyecta en el interior del cerebro de conejos o gatos causa daños neuronales y la formación de marañas neurofibrilares. (Estas marañas no son exactamente las mismas que se encuentran en la enfermedad de Alzheimer, ya que están compuestas de filamentos rectos, y no de las parejas de filamentos helicoidales tan características del Alzheimer.) Los altos niveles de aluminio también provocaron demencia a personas sometidas a diálisis de riñón. Estas personas mostraron deterioro intelectual, alteraciones del habla, temblores musculares y ataques epilépticos. Al practicárseles la autopsia se pudo observar que había aumentado el nivel de aluminio en el cerebro (aunque no estaban presentes las marañas de filamentos y las placas típicas de la enfermedad de Alzheimer). Se descubrió que su demencia estaba relacionada con las altas concentraciones de aluminio en el líquido de la diálisis y se consiguió tratar con éxito a algunos pacientes con una terapia que eliminaba el aluminio de su organismo. Esta *demencia de la diálisis*, como fue denominada, desapareció cuando se pasaron a emplear líquidos para la diálisis con bajo contenido en aluminio. Los mineros canadienses expuestos al polvo de aluminio (empleado como agente preventivo frente a la silicosis pulmonar) desarrollaron demencia en una proporción cuatro veces y media superior a lo habitual; lo cual parecía indicar que la exposición al aluminio a través de los pulmones podía ser la causa. Los trabajadores expuestos de forma excesiva al aluminio en una planta de fundición sufrían falta de coordinación, pérdida de memoria, depresión y una disminución de la capacidad de razonamiento directamente proporcional a la cantidad de aluminio a la que habían estado expuestos. Por lo tanto, la conclusión es que no cabe ninguna duda de que el aluminio puede dañar las células cerebrales y la función cerebral.

LOS CEREBROS DE LAS PERSONAS CON LA ENFERMEDAD DE ALZHEIMER TIENEN UN MAYOR CONTENIDO DE ALUMINIO

El contenido total de aluminio que hay en el organismo oscila sólo entre 30 y 50 mg. Medir el aluminio que hay en el cerebro humano es técnicamente muy difícil. Esto hace que sea complicado comparar los estudios realizados sobre las mediciones de aluminio. Las primeras investigaciones pusieron de manifiesto que el nivel de aluminio en los cerebros afectados de Alzheimer era tres veces superior al normal. Estudios más recientes han demostrado que el contenido de aluminio aumenta de forma significativa en aquellas áreas del cerebro afectadas por la enfermedad (en especial en el hipocampo), mientras que en otras áreas no afectadas por el Alzheimer el contenido de aluminio es relativamente pequeño. Y lo que es más importante, el contenido de aluminio parece ser mayor en las marañas neurofibrilares y las placas neuríticas que caracterizan a la enfermedad. No se observa un aumento de aluminio en cerebros de personas que sufren otras demencias.

OLLAS, SARTENES Y ALZHEIMER

Aunque en el cerebro de las personas que sufren Alzheimer puede haber un contenido de aluminio superior a lo normal, posiblemente, el aluminio por sí mismo no es la principal causa desencadenante de la enfermedad. Es más probable que los cerebros ya dañados tengan la tendencia a acumular una cantidad excesiva de aluminio. Parece existir una relación entre los niveles de aluminio del agua que se ingiere y el Alzheimer. Pero la mayoría de expertos están de acuerdo en que otras exposiciones al aluminio, como el contacto con ollas y sartenes, o los medicamentos antiácidos y desodorantes que contienen aluminio, no son causa de la enfermedad de Alzheimer. De esta forma, entre los cónyuges y otros familiares de los enfermos de Alzheimer no existe una mayor incidencia de la enfermedad, lo cual sugiere que la exposición a elementos tóxicos como el aluminio probablemente no es el único factor causal.

ALUMINIO EN EL AGUA

El agua puede contener de forma natural aluminio, pero este elemento es relativamente insoluble, de forma que se deposita en el fondo. La acidificación del agua (que se produce con la lluvia ácida) aumenta la solubilidad del aluminio y, por lo tanto, incrementa la cantidad del elemento que se absorbe al beber. Al mismo tiempo, en el proceso de purificación del agua se añade aluminio en forma de alumbre (una sustancia química que ayuda a la eliminación de contaminantes, como las partículas de suciedad). Muchos estudios han demostrado que un aumento en la cantidad de aluminio del agua está relacionado con un incremento en la incidencia de la enfermedad de Alzheimer. En uno de estos estudios se vio que había 1,5 veces más casos de Alzheimer en los distritos donde la concentración de aluminio en el suministro de agua excedía de 0,11 mg por litro, que en aquellos distritos donde las concentraciones eran menores a 0,01 mg por litro.

En general, la opinión de la comunidad científica es que el aluminio puede ser un factor importante en el Alzheimer. Probablemente por sí mismo no constituya la causa de la enfermedad, pero esta sustancia y otros oligoelementos pueden jugar un papel importante una vez que otros factores, todavía no totalmente identificados, han desencadenado el proceso de la enfermedad. Si estos otros factores inician una cadena de acontecimientos que permiten que entre en el cerebro una cantidad excesiva de aluminio y que éste se metabolice de una forma anormal, no cabe duda de que este elemento puede ser tóxico para las células cerebrales y puede contribuir a la pérdida de neuronas y a la inflamación.

Por lo menos un estudio ha demostrado una mejoría entre leve y moderada en los síntomas y signos de la enfermedad de Alzheimer cuando se han administrado fármacos para eliminar el aluminio del organismo. Sin embargo, éste no es un tratamiento médico reconocido para el Alzheimer.

LA INFLAMACIÓN CEREBRAL COMO CAUSA DEL ALZHEIMER

La inflamación en el interior del cerebro desempeña un papel central en la enfermedad de Alzheimer, pero es una cuestión debatida si éste es el principal problema o si es consecuencia de otros factores o del proceso patológico. La muerte de las neuronas, la formación de placas y la acumulación de marañas neurofibrilares son todas ellas manifestaciones que se presentan en mayor o menor medida acompañadas de una inflamación en el interior del cerebro. A menudo, se alude a estos fenómenos como *cascada*, en la que un proceso biológico sigue a otro. Muchos investigadores creen que una vez que empieza la inflamación (sea cual sea la causa), son múltiples las anormalidades bioquímicas que dañan más el cerebro.

Los investigadores han observado que las personas con artritis reumatoide, que normalmente toman grandes dosis de fármacos antiinflamatorios, a medida que envejecen tienen una incidencia de la enfermedad de Alzheimer menor de lo habitual; asimismo se ha visto que cuando un gemelo idéntico toma fármacos antiinflamatorios y el otro hermano no lo hace, el que ha tomado los fármacos tiene menos probabilidades de desarrollar Alzheimer. Incluso si la inflamación tiene una causa distinta, su control puede conducir a albergar alguna esperanza en el tratamiento de la enfermedad.

FACTORES DEL CRECIMIENTO NERVIOSO

Los factores del crecimiento nervioso (neurotrópicos) son un grupo de proteínas de origen natural que regulan la supervivencia, el crecimiento y la función de las neuronas en el interior del cerebro. Las personas que padecen Alzheimer tienen menor cantidad de estas sustancias químicas en el cerebro y, dado que estas proteínas protegen a las células cerebrales y las ayudan a crecer y sobrevivir, su ausencia puede ser una causa de la enfermedad de Alzheimer. Sin embargo, estos factores del crecimiento nervioso son un grupo variado de sustancias químicas y su medición resulta muy difícil. Su conducta biológica tiene unas características que les im-

pide entrar en el cerebro a través de la sangre y para que sean eficaces se han de inyectar en el cerebro. Obviamente, esto limita la posibilidad de tratar el Alzheimer suministrando estos factores, pero
algunos tratamientos experimentales para la enfermedad emplean
estas sustancias, extraídas de cerebros de animales, para contra-
rrestar la inflamación que se produce en el Alzheimer.

LA TEORÍA DE LOS RADICALES LIBRES

Los radicales libres son moléculas de oxígeno desequilibradas,
cargadas eléctricamente, que de forma constante son liberadas en
el organismo debido a reacciones que se producen de una forma
natural. Estas moléculas contienen por lo menos un electrón de-
semparejado (o «libre») y «buscan» otro electrón de alguna otra
sustancia química. Pueden provocar daños debido a que pueden
cambiar el equilibrio de los electrones en células esenciales del organismo. Los radicales libres constituyen un elemento del proceso
habitual de la destrucción celular y están relacionados con el envejecimiento. Pueden desempeñar un rol en la muerte de las neuronas que se produce después de una lesión o daño cerebral. Los
investigadores están trabajando con los antioxidantes (como la vitamina E) para intentar enlentecer la progresión del Alzheimer; los
esfuerzos se centran en disminuir la concentración de radicales
libres en el cerebro.

OTRAS POSIBLES CAUSAS

Recientemente han tenido aceptación otras teorías sobre la enfermedad de Alzheimer. Muchas de estas teorías tratan de explicar
algunos de los problemas que se observan en la enfermedad. Por
ejemplo, se ha demostrado que en el interior del cerebro de los enfermos de Alzheimer se producen trastornos en la metabolización
del calcio y del hierro; también se ha observado que el zinc cambia
determinadas proteínas y, en experimentos en tubos de ensayo, se
ha visto que estas proteínas alteradas dañan células cerebrales y

forman estructuras parecidas a las placas. Aunque estos trastornos del metabolismo pueden ser secundarios respecto a la inflamación que se produce en la enfermedad, todos ellos han sido propuestos como causa principal de la enfermedad.

Se sabe que el estrés está relacionado con daños que se sufren en las células cerebrales, a través de procesos en los que intervienen los corticosteroides. También se han propuesto como causa inicial de la enfermedad las lesiones craneales u otros daños neurológicos debido a que estos factores inciden sobre las células nerviosas y provocan inflamación.

Algunos investigadores creen que las infecciones virales pueden ser las responsables de algunas o de todas las inflamaciones del Alzheimer.

Capítulo 9

Cuestiones legales

Las personas que padecen Alzheimer pasan el último año de su vida crónicamente enfermas, afectadas de una incapacidad mental o física, o de ambas. A menos que hayan tomado medidas para esta eventualidad, sus hijos, algún amigo o terceras personas se verán obligados a tomar por ellos decisiones económicas y sanitarias. A veces, quienes deben tomar estas decisiones se sienten utilizados porque no tienen ni idea de cuáles serían los deseos de la persona. Cabe la posibilidad de que adopten decisiones que el enfermo nunca habría tomado. Si otras personas muestran su disconformidad con lo decidido, la situación puede derivar en un enfrentamiento abierto. Para muchas personas se trata de una situación que no tiene salida: cualquiera que sea la decisión que adopten, permanentemente se cuestionarán a sí mismos y vivirán con la duda y la culpabilidad durante el resto de sus vidas.

Por lo tanto, es en el interés de todos (la persona con Alzheimer, los familiares, los amigos y los profesionales sanitarios) que deben tomarse con antelación las decisiones precisas. Con una planificación adecuada, quienes sufren la enfermedad mantienen una cierta dirección sobre sus intereses cuando pierden la capacidad. El trabajo de la persona encargada de tomar las decisiones en representación del enfermo se hace más sencillo y se podrá sentir bien respecto a esas decisiones ejecutadas de acuerdo con la voluntad del enfermo.

EL TESTAMENTO

El testamento es el documento básico que se emplea tradicio-nalmente para planificar el futuro. Cuando a alguien se le diagnos-tica Alzheimer es importante asegurarse de que tiene hecho testa-mento. Cualquier persona mayor de 18 años tiene capacidad para hacer testamento. El testador debe conocer cuáles son las posibles decisiones que puede adoptar y las implicaciones que dichas deci-siones tienen. Cualquier persona, también mayor de 18 años, que entienda el propósito que se persigue con el documento y que no sea beneficiario de la voluntad testamentaria puede actuar de testi-go en el acto de otorgamiento. El testamento se puede utilizar con diversos propósitos: puede determinar quién debe recibir una pro-piedad o posesión concreta; puede solicitar que el entierro o los ri-tos funerarios se realicen de una determinada manera (en este caso es preciso asegurarse de que la persona encargada de la ejecución testamentaria conoce esta circunstancia, pues cabe que el testa-mento se abra cuando ya sea demasiado tarde); puede destinar un capital a una fundación o designar a un representante legal para que administre los bienes de un menor, un incapaz u otra persona.

El testamento se puede cambiar siempre, pero la regla general es que lo escrito debe mantenerse durante un período de cinco años; entonces puede volverse a redactar entero o bien añadirse un *codicilo*. Un codicilo es un documento legal añadido con posterio-ridad para evitar los inconvenientes y los gastos de tener que vol-ver a otorgar testamento. No existe ningún otro documento com-parable a un simple testamento y, si no está bien hecho, puede conducir a interminables disputas familiares. Si se tienen que dis-tribuir muchas propiedades pequeñas, el testador puede designar a una persona de confianza para repartirlas. Se le puede decir al al-bacea dónde encontrará la lista en la que se establece la asignación de bienes (para esta persona el retrato del abuelo, el relicario de la tía Molly, etc.). Dado que esta lista no es un documento público vinculante puede revisarse en cualquier momento, sin costes ni formalidades.

Después del diagnóstico de la enfermedad conviene redactar el testamento lo antes posible, con la ayuda de un abogado. El asesoramiento de este profesional garantizará que el testamento plasma los deseos de quien lo otorga, que se han tenido en cuenta todas las eventualidades posibles y que es correcto desde un punto de vista legal. El testamento debe guardarse en un lugar seguro, al que se tenga fácil acceso en caso necesario. Se recomienda un lugar de la casa o el despacho de un abogado. Si se deposita en un caja de seguridad de un banco pueden existir problemas legales para recogerlo una vez que se ha producido la muerte del enfermo, dado que los bancos suelen sellar la caja de seguridad cuando tienen noticia del óbito. Esto puede demorar la autentificación, que es el proceso legal a través del que se establece la validez del testamento.

El problema del testamento es que sólo es válido una vez que se produce la muerte de quien lo otorga. En los siguientes apartados se exponen diversos métodos legales de que dispone la persona para proteger sus intereses futuros en caso de incapacitación, cuando todavía no haya fallecido. Si estos métodos se utilizan de forma adecuada protegen los intereses de la persona y evitan que los familiares sufran el trauma emocional y psicológico de tener que tomar las decisiones por la persona que padece Alzheimer.

PLANIFICACIÓN ECONÓMICA

Después de la jubilación la mayoría de personas dejan de ganar dinero. Aspiran a mantener tanto su seguridad como su estilo de vida a costa de las pensiones y de lo que han conseguido ahorrar, sin que disminuya su capacidad adquisitiva. A mucha gente le preocupa el reparto de sus bienes después de su muerte y desea también que la transmisión patrimonial no resulte excesivamente onerosa, de forma que el caudal relicto no mengüe demasiado a causa de los impuestos sucesorios. Una planificación económica correcta intentará conseguir estos objetivos. La necesidad de que exista esa planificación para un enfermo de Alzheimer es especialmente urgente, puesto que el Alzheimer es una enfermedad que conlleva muchos gastos y gran parte del coste de los cuidados debe correr a cuenta del enfermo y de las personas próximas a él. La asistencia domiciliaria, las enfermeras, el transporte, el coste de las diversas instituciones a las que se acude son todos factores que se deben considerar durante el curso de la enfermedad. Es importante que exista una planificación económica previa para garantizar que no se agotarán todos los ahorros.

Tan pronto como sea diagnosticada la enfermedad, debe empezarse. Organice la economía. Averigüe qué cuentas bancarias tiene la persona y si dispone de cajas de seguridad. Obtenga información sobre sus ahorros y las responsabilidades que tiene contraídas, qué gastos y deudas tiene y qué tipo de pensión tiene concertada. Si la persona deviene incapaz puede ser una pesadilla intentar poner todos sus asuntos en orden después de la incapacidad.

FIDEICOMISOS

El fideicomiso es un medio por el cual una persona (*fiduciario*) transfiere bienes (*capital*) en nombre de otra persona o institución (*transmitente*). Ésta puede ser una institución apropiada para un enfermo de Alzheimer. En el documento en el que se constituye el fideicomiso se especifica el destino de los bienes. El fideicomiso puede constituirse durante la vida del transmitente, o bien una vez muerto éste, instrumentalizándose entonces la institución a través de una disposición testamentaria. Un fideicomiso *revocable* es aquel susceptible de ser rescindido, en cuyo caso los bienes se reincorporan al patrimonio del transmitente; un fideicomiso *irrevocable* no puede ser rescindido y ni el transmitente ni el Estado pueden recuperar la propiedad de lo transmitido.

El fideicomiso puede ser simple o complejo, dependiendo de las necesidades concretas. Normalmente lo redacta un abogado, para garantizar que se ajusta a las específicas necesidades de la persona y para verificar su legalidad. El fideicomiso, para que sea válido, ha de ser firmado por el fiduciario (transmitente). No existe participación jurisdiccional a menos que surja alguna contienda sobre el fideicomiso.

El fideicomiso proporciona un medio a los adultos ancianos para que sus bienes sean administrados de una forma profesional, pudiendo prescindir de un tutor en caso de incapacidad (para lo cual sí que es preciso que intervengan los tribunales). El fideicomiso ga-

---

LISTA DE CONTROL DE DOCUMENTOS ORIGINALES

Averigüe dónde se encuentran estos documentos, para poder utilizarlos en caso necesario

Personales   Sí   No   No procede
Certificado de nacimiento
Permiso de conducir
Seguro social / Número de Seguridad Social
Documentos de seguros sanitarios
Certificado de matrimonio
Documentos militares
Documentación concerniente al divorcio
Testamento
Testamento del cónyuge
Poderes notariales

Económicos   Sí   No   No procede
Cuentas de ahorro
Cuentas corrientes
Llaves de cajas bancarias de seguridad
Combinación de la caja fuerte
Certificados de depósito / con garantías
Certificados de inversiones / deuda pública
Pólizas de seguro
Escrituras de propiedad
Hipotecas
Préstamos bancarios
Extractos de tarjeta de crédito
Devoluciones tributarias
Planes de jubilación / pensiones
Certificados de acciones
Acuerdos fideicomisarios

---

rantiza que el capital se gestionará de acuerdo con la voluntad del transmitente, pese a que posteriormente se declare la incapacidad mental de éste; que esos bienes podrán administrarse de forma ventajosa para los intereses fiscales del fideicomisario; o bien que al ser transmitidos, una vez que haya fallecido el causante, se podrá evitar el trámite de autenticación de las disposiciones. Dichos bienes podrán transmitirse a través de sucesivas generaciones con las mismas exenciones respecto a las formalidades. El coste del fideicomiso varía en función de lo compleja que sea su constitución. Al encargado de administrar el fideicomiso se le reconoce el derecho a la percepción de unos honorarios.

PODERES NOTARIALES

Se trata de un documento que permite a la persona que ejecuta el documento (el *principal*) entregar el poder a otra (el *apoderado*) para gestionar sus asuntos. El apoderado no tiene por qué ser un abogado; a menudo es el cónyuge, o un hijo o una hija mayores de edad. Se trata de un contrato de una gran flexibilidad. El apoderado puede recibir poderes muy amplios o muy específicos. Por ejemplo, alguien puede recibir poderes para gestionar los asuntos económicos, o simplemente para negociar un cheque en una determinada fecha y un lugar concreto.

El poder notarial debe ir firmado y en su otorgamiento se precisan testigos. Las leyes del lugar donde se firma el poder determinan cuántos testigos se necesitan y quiénes pueden serlo. En algunos lugares se exige, además de la intervención de los testigos y el notario, que los poderes se inscriban en un registro público.

Dado que los poderes notariales normales pierden su vigencia si el principal deviene incapaz, se han instrumentado los poderes notariales *duraderos* a fin de extender su aplicación a los casos de incapacidad. Este documento incluye una disposición en la que se prevé que el poder continúe siendo válido a pesar de que el poderdante pierda su capacidad de obrar. El apoderado únicamente tiene poder para llevar a cabo el negocio jurídico que le autoriza el documento; fuera de ese ámbito de representación no puede actuar. Sin embargo, si el principal lo desea, el contrato puede otorgar al apoderado facultades amplísimas sobre sus asuntos económicos más importantes. Es aconsejable que las personas con Alzheimer otorguen poderes notariales duraderos.

El principal debe tener total confianza en quien designe como apoderado. Cuando se dan poderes a otra persona es importante tener en cuenta lo siguiente:

- Qué bienes se poseen.
- Qué obligaciones se han contraído con las personas que se tienen al cargo.
- Se puede otorgar un poder notarial específico o general.
- Un poder notarial se puede revocar.
- Un apoderado puede hacer mal uso del poder.

La legislación en Estados Unidos, Australia y algunos países europeos está ampliando las materias que puede abarcar un poder notarial, de forma que éste no sólo se refiera a cuestiones económicas y al derecho de propiedad, sino que cubra también la asistencia personal, la asistencia sanitaria y el acogimiento. Este segundo tipo de poder se denomina «poder notarial para la asistencia personal». Si en el momento de la concesión del poder se plantean dudas respecto a la capacidad del principal, se debe acompañar de una carta del médico. Esta carta debe confirmar que la persona está capacitada y entiende lo que está haciendo. El poder *no puede* otorgarse cuando la persona ha sido declarada incapaz; el poder sólo lo puede conceder alguien que entienda las facultades que está delegando en el apoderado.

TUTELA

Si alguien con Alzheimer deviene mentalmente incapaz y no ha previsto la situación, o no ha planeado que la enfermedad siguiera este curso, no pueden otorgarse poderes notariales. En este caso, la persona queda bajo la *tutela* judicial y serán los tribunales los que le nombrarán un tutor a fin de que éste tome las decisiones oportunas en sustitución del incapacitado. De esta forma la persona incapacitada se convierte en pupilo del tutor. Éste tiene el deber de informar a los tribunales y debe presentar la documentación que justifique los gastos satisfechos y las decisiones adoptadas. La tutela es una institución mucho más cara e implica un proceso mucho más complicado que la de los poderes notariales y ninguna familia desea tener que someterse a un proceso así si puede evitarse.

CAPACIDAD E INCAPACIDAD

La progresiva erosión de la memoria y la cognición que provoca la enfermedad de Alzheimer disminuye la capacidad de la persona para pensar y razonar. Queda afectada la aptitud para entender las alternativas que existen y apreciar las consecuencias de una determinada acción. ¿Cuándo se considera que la persona está incapacitada para escoger entre diversas alternativas y para entender las decisiones adoptadas? Esta pregunta es clave. Se trata del desafío de equilibrar seguridad y libertad.

Consideremos el siguiente ejemplo: la señora Green era una viuda de 84 años que vivía sola. Padecía Alzheimer y había tenido varios percances en los que se quemaron ollas y sartenes. La policía la había conducido a casa en un par de ocasiones porque se había perdido comprando. Una de sus hijas quería que continuara estando en casa y aceptaba el riesgo de que prendiera fuego a la cocina o de algún accidente o lesión. Otra hija en cambio quería ingresarla en una residencia de ancianos para que estuviera segura.

La señora Green insistía en que ella no tenía problemas y que «preferiría morirse» antes que ir a una residencia de ancianos. Pero es posible que ella no entendiera los riesgos en los que incurría. La mujer era capaz de lavarse, vestirse y alimentarse. Si su hija hacía la compra y corría con los gastos, ella era consciente de que debía devolverle el dinero. Pero la señora Green no era capaz de llevar a cabo tareas más complejas, como administrar su dinero, o desplazarse al centro de la ciudad a efectuar las compras.

En la práctica, conservar la capacidad implica siempre algún riesgo. Una de las hijas aceptaba ese riesgo; la otra hija no. La aptitud de la señora Green resultaba la clave del problema. ¿Entendía ella que corría riesgos? ¿Aceptaba esos riesgos? El objetivo era preservar su libertad y minimizar los riesgos. En ocasiones se trata de un equilibrio difícil de lograr.

Una declaración de incapacidad (que en ocasiones exige tener que someterse a una evaluación formal y a la obtención de un certificado por parte del médico) es un asunto muy serio. A través de ella se priva a la persona del derecho fundamental a tomar decisiones. Por lo tanto, la incapacidad ha de ser probada legalmente. El hecho de adoptar «decisiones equivocadas» no es razón suficiente para una declaración de incapacidad. En ocasiones, debido a la idiosincrasia o a la excentricidad, las personas capaces toman decisiones que a otros les parecen absurdas.

La presencia de la enfermedad de Alzheimer no es causa suficiente para que de forma automática se declare al enfermo incapacitado, es-

pecialmente en las primeras fases de la enfermedad. En el pasado, las
personas con Alzheimer eran declaradas incapacitadas de inmediato. Si
bien las enfermedades que afectan a las funciones intelectuales pueden
comprometer la capacidad, esto no siempre es así. Por lo tanto, se debe evaluar si la capacidad específica para tomar decisiones está afectada y no suponer que alguien es incapaz simplemente porque padece
Alzheimer.

Antes de que a una persona se le nombre un tutor, se la debe
declarar incapacitada para todos o para algunos de sus actos (así,
por ejemplo, alguien puede ser capaz de realizar su cuidado personal y ser incapaz, en cambio, de administrar su economía). Una vez
que se ha declarado judicialmente la incapacidad, de acuerdo con
las circunstancias individuales de la persona, el sujeto a tutela puede perder el derecho a tomar decisiones personales: esto es, a con-
tratar, a casarse, a tomar decisiones sanitarias o a gestionar asuntos
económicos.

A menudo, el tutor suele ser un familiar que solicita al tribunal
el desempeño de esta función protectora. El tribunal examina las
pruebas sobre la falta de capacidad de la persona y considera si la
persona que debe ejercer el cargo es la que mejor velará por sus intereses. La persona que desea actuar como tutor argumenta los
motivos por los que se estima cualificado para cumplir con su función y por qué es la persona más indicada para el desempeño de esa
tarea. El tutor puede ser designado para administrar las propiedades y la economía del pupilo, o para tomar decisiones que afecten
a su esfera personal, o bien para ambos tipos de cuestiones. El tutor debe obtener la autorización judicial para llevar a cabo ciertas
transacciones, tales como la venta de la casa de la persona declarada incapacitada, si ésta es admitida en una institución.

DECLARACIONES DE VOLUNTAD PARA DECISIONES FUTURAS

La tecnología médica permite que en la actualidad las personas
vivan más tiempo que en el pasado; sin embargo, muchas veces este
tiempo adicional se vive padeciendo algún tipo de incapacidad cró-

nica, mental o física. A menos que esta situación se haya previsto de antemano, los familiares y los amigos se ven obligados a tomar decisiones angustiosas. Antes de que las personas con Alzheimer pierdan su capacidad es conveniente que den a conocer cuáles son sus deseos. Esto los protegerá a ellos y a sus familiares y amigos.

¿Cómo puede una persona recibir la asistencia sanitaria que desea cuando ya ha sido declarada incapacitada? ¿Cómo puede dar a conocer a los demás cuáles son sus deseos y evitar así a su familia y amigos el aprieto de tener que decidir por ella? Debatir estas cuestiones previamente puede evitar un conflicto posterior. El inconveniente de las conversaciones informales es que con el transcurso del tiempo es posible que no se recuerden fielmente. Años más tarde, en el momento de la crisis, la familia puede tener opiniones divergentes respecto a lo que se dijo, o a lo que significaba lo dicho. Este problema se puede evitar documentando claramente cuáles son los deseos futuros en una *declaración de voluntad para decisiones médicas futuras*.

¿QUÉ ES UNA DECLARACIÓN DE VOLUNTAD PARA DECISIONES MÉDICAS FUTURAS?

Este tipo de declaración, también denominada «testamento vital», consiste en un documento en el que expresamente se especifican cuáles son los deseos de la persona en relación con la asistencia médica. Contiene instrucciones sobre la asistencia a prestar en caso de que en un futuro la persona sea incapaz de tomarlas. Permite a la persona exponer sus deseos respecto a los tratamientos médicos futuros y a la asistencia personal que desea recibir y se conceden a otra persona poderes para actuar en estas áreas.

Mientras la persona conserve su capacidad y tenga aptitud para evaluar y comunicar cuáles son las alternativas médicas oportunas, seguirá tomando las decisiones personalmente. La declaración de voluntad para decisiones médicas futuras tendrá efecto únicamente cuando la persona sea incapaz y no pueda expresar cuáles son sus deseos. Existen dos tipos de declaraciones: «de ordenación» y «de representación».

Una *declaración de ordenación* indica qué tratamientos se desean y cuáles no, y bajo qué circunstancias. Estas instrucciones pueden ser generales o específicas. Cuanto más específica sea la instrucción, más fácil le será a la familia y a los médicos seguirla. Una declaración de ordenación no se limita al tratamiento de enfermedades terminales o irreversibles. Se puede aplicar también a afecciones que se pueden curar o que son reversibles. Puede abordar las decisiones a tomar en una fase inicial de la enfermedad de Alzheimer, cuando la persona disfruta de una buena calidad de vida.

Una *declaración de representación* nombra a un sustituto (*representante*) para que adopte decisiones referentes a la asistencia médica futura si la persona deviene incapaz. Este sustituto tiene la competencia para tomar decisiones sanitarias de la misma forma en que el apoderado puede tomarlas en el ámbito económico.

¿SON LEGALES LAS DECLARACIONES DE VOLUNTAD SOBRE DECISIONES MÉDICAS FUTURAS?

En la mayoría de las jurisdicciones de Estados Unidos las declaraciones de voluntad sobre decisiones médicas futuras son documentos vinculantes con fuerza legal. En algunos casos se establece una edad mínima para la persona que ha de ejercer la representación, o bien se fijan otras restricciones. Dependiendo del lugar donde se emita la declaración, es posible que se precisen testigos. En algunos lugares se reconocen las declaraciones de representación, en otros se reconocen ambas: las de representación y las de ordenación.

¿A QUIÉN DEBE ESCOGERSE COMO REPRESENTANTE?

El representante debe ser alguien en quien se pueda confiar, así como alguien que se prevea que estará disponible para llevar a cabo los deseos del declarante. (Se puede también nombrar a una tercera persona por si el sustituto no está disponible.) Conviene exponer de forma meticulosa a la persona designada cuáles son los deseos respecto a las decisiones médicas y a la asistencia personal.

Cuando el representante entienda las intenciones del declarante y pueda ejecutar todos sus deseos, se le tienen que proporcionar también las instrucciones por escrito. El representante debe limitarse a seguir las instrucciones, a menos que exista una razón poderosa para creer que las circunstancias son de una índole tal que el declarante habría cambiado su declaración.

«QUIERO QUE SE ME PERMITA DECIDIR»

La declaración «Quiero que se me permita decidir» fue en un principio ideada para las personas con la enfermedad de Alzheimer, con la finalidad de que pudieran tomar sus decisiones con antelación. Esta conocida declaración de voluntad se utiliza ahora en todo el mundo para ayudar a los adultos de todas las edades a decidir sobre su salud y la asistencia personal que desean recibir. Consta de: una introducción; una declaración personal; una tabla de asistencia médica, en la cual se especifican los deseos personales respecto al tratamiento a recibir en las diversas situaciones médicas previstas; algunas definiciones de los términos empleados, de forma que los médicos puedan interpretar correctamente la expresión de los deseos; y una lista de nombres y direcciones. Al final de este capítulo se incluye una copia de esta declaración. (Para la obtención de copias originales véase el apartado «Declaraciones de voluntad sobre decisiones médicas» en la sección dedicada a «Recursos», al final del libro.) El resto de este capítulo está dedicado a explicar cómo debe cumplimentarse este documento.

Introducción

Esta sección explica el motivo por el cual se emite la declaración de voluntad y se advierte a terceras personas que la declaración no debe emplearse mientras se conserve la conciencia y la persona tenga capacidad para adoptar decisiones por sí misma. Se revoca cualquier documento previo y se determina que esta declaración constituye la expresión última de los deseos de la persona. También se nombra a un representante en quien se delega la toma de decisiones.

Declaración personal

Aquí se puede exponer cualquier aspecto sobre la asistencia médica o personal no tratado en otros apartados de la declaración. Debe analizarse con detenimiento lo que se declara. Cuanto más específica sea la instrucción, más sencillo resultará a los demás seguirla.

Debe completarse la frase introductoria: «Considero que una enfermedad irreversible es aquella que…», y aquí quien cumplimenta el documento debe utilizar sus propias palabras para explicar qué fase de la enfermedad de Alzheimer o qué grado de incapacidad se considera inaceptable. La mayoría de personas desean recibir distinta asistencia en función de lo inaceptable que sea su enfermedad. Se debe especificar de la forma más clara posible lo que se considera inaceptable.

En esta sección se pueden plantear los deseos respecto a la asistencia personal, tales como dónde se desea vivir, cuestiones de seguridad, ropa e higiene. También se pueden expresar aspectos como la donación de órganos, la exploración del cuerpo *post mortem* y la incineración. Si el declarante es testigo de Jehová debe asegurarse de incluir instrucciones referentes a las transfusiones sanguíneas.

Tabla de asistencia médica

Aquí se documentan los deseos del declarante respecto al tratamiento a recibir en caso de enfermedades mortales, problemas para recibir alimentación o paro cardíaco. Se plantean distintas opciones en función de si la enfermedad es reversible o aceptable, o bien irreversible e inaceptable. Para la explicación de algunos de los términos empleados véase más abajo. Es conveniente revisar estas instrucciones con el médico aproximadamente una vez al año; en el documento se reserva un espacio para actualizar los datos. Si se revisa la declaración y no se efectúan cambios, simplemente habrá que constatar «sin cambios» y añadir después la firma del declarante y la fecha; al lado deberá firmar el médico. Si la declaración se modifica, deberá notificarse esta circunstancia al representante; será necesario actualizar todas las copias de la declaración y firmarlas.

Definiciones

Esta sección explica los términos empleados en la declaración (por ejemplo, «irreversible/inaceptable»: no existe ninguna posibilidad de un total restablecimiento, incapacidad permanente, con mala calidad de vida, como en la fase avanzada de la enfermedad de Alzheimer; o bien «reversible/aceptable»: la curación es posible, no hay incapacidad permanente, buena calidad de vida, como en la fase inicial de la enfermedad de Alzheimer).

Firmas

En esta sección deben hacerse constar los nombres, las direcciones y los números de teléfono del médico de cabecera, el representante y los testigos. Deben anotarse también el teléfono del trabajo y otros teléfonos donde se puedan encontrar a todas estas personas en caso de emergencia.

ENFERMEDADES CON RIESGO PARA LA VIDA

La neumonía es un ejemplo de enfermedad que puede causar la muerte. Aunque la neumonía puede ser mortal, muchas personas se restablecen por completo tras un tratamiento. Quienes padecen Alzheimer y otras incapacidades graves es posible que deseen que la neumonía siga su curso; cabe que no deseen que se les administren antibióticos.

Las personas raramente fallecen a causa de una enfermedad crónica como el Alzheimer. Es más probable que mueran como consecuencia de complicaciones, como una neumonía o coágulos de sangre en los pulmones (embolia pulmonar). Si se toma una decisión respecto al tratamiento de una enfermedad mortal en alguien que padece Alzheimer en una fase avanzada, es posible que sea preciso efectuar más pruebas e investigaciones. Esto significará análisis de sangre, rayos X, inyecciones e incluso intervenciones quirúrgicas. Todas estas pruebas médicas pueden ser incómodas o dolorosas y es posible que lo único que consiga el tratamiento sea prolongar la agonía del enfermo. En estos casos, los médicos muchas veces aconsejan a la familia que dejen a la persona morir en paz, para evitar más sufrimientos. Con una declaración de voluntad sobre decisiones médicas, la persona puede determinar con antelación hasta dónde desea que se prolongue la asistencia en un caso así.

LA DONACIÓN DEL CEREBRO PARA LA INVESTIGACIÓN DE LA ENFERMEDAD DE ALZHEIMER

Muchas personas desean contribuir a los esfuerzos de la investigación para esclarecer los problemas que plantea esta desconcertante enfermedad. Una forma de ayudar es a través de la donación de tejido cerebral. Este tejido se almacena cuidadosamente y, posteriormente, se pone a la disposición de los investigadores, que lo estudian desde muy distintos aspectos, incluyendo nuevos tratamientos y procedimientos diagnósticos. Los bancos de cerebros humanos son necesarios, ya que existen muchas enfermedades neurológicas graves que afectan sólo a los humanos y para las que no se pueden conseguir modelos animales útiles. Incluso el tejido cerebral normal es muy valioso, puesto que proporciona valores estándar de muchas sustancias químicas cerebrales.

En Canadá se puede contactar con el Brain Tissue Bank. En Estados Unidos las muestras suelen provenir de pacientes que han tomado parte en estudios de investigación; para participar póngase en contacto con la Alzheimer's Association. (Para más detalles véase la sección «Recursos».)

Con los *cuidados paliativos* se intenta consolar a los enfermos y aliviar del dolor. El objetivo no es la curación, sino el consuelo y mitigar el sufrimiento. Las pruebas y los tratamientos no se realizan para prolongar la vida, sino sólo para evitar el malestar. Las

personas que desean este nivel de asistencia es posible que se tengan que someter a intervenciones quirúrgicas, pero sólo para
conseguir un cierto bienestar y el alivio del dolor. Por ejemplo, si
alguien se rompe una cadera y había solicitado recibir cuidados paliativos, se podrá intervenir quirúrgicamente para fijar la cadera si
ésta es la forma más efectiva de aliviar el dolor. Pero si la persona
padece una hemorragia en el estómago o en el intestino no recibirá
una transfusión de sangre ni tampoco fármacos para detener la
hemorragia.

Los *cuidados limitados* comprenden más tratamiento que los
«paliativos», pero menos que los «quirúrgicos». Por ejemplo, si un
enfermo sufre una neumonía puede tomar antibióticos, realizarse
análisis de sangre, recibir líquidos por vía intravenosa y someterse a rayos X. Si tiene una hemorragia intestinal puede recibir transfusiones sanguíneas y fármacos para detenerla. Sin embargo, no
podrá someterse a una intervención quirúrgica de urgencia para
detener la hemorragia, o exámenes médicos que requieran anestesia general. No se colocará al enfermo en aparatos para el manteni-
miento de la vida y tampoco se le conectará a una máquina de diálisis en caso de insuficiencia renal.

Con los *cuidados quirúrgicos* se practicarían análisis de sangre,
rayos, intervenciones quirúrgicas y se sometería al enfermo a diálisis en caso de que lo precisara. Antes o después de una operación
se conectaría al enfermo a un respirador si ello fuera necesario.
Asimismo, recibiría líquidos por vía intravenosa y, en caso de sufrir una hemorragia (por ejemplo, intestinal), se le podrían efectuar
transfusiones sanguíneas. También se podría introducir un tubo a
través del intestino (endoscopia) a fin de encontrar la causa de la
hemorragia. Si fuera necesario, los médicos intervendrían al enfermo quirúrgicamente para detener la hemorragia.

En los *cuidados intensivos* los médicos consideran la posibilidad
de aplicar cualquier tratamiento para mantener vivo al enfermo. Esto incluye cirugía, biopsias y sistemas de apoyo vital (aparatos de
diálisis, respiradores), o incluso cirugía de trasplante (corazón, riñón, hígado o médula ósea). En caso de que el enfermo estuviera en
su casa sería conducido al hospital y en caso de encontrarse en un
hospital pequeño podría ser trasladado a uno más importante con

el fin de someterse a las pruebas diagnósticas más avanzadas y a los tratamientos más novedosos.

PROBLEMAS PARA RECIBIR ALIMENTACIÓN

Muchas personas en las fases finales del Alzheimer son incapaces de deglutir y se ahogan con la comida. Si no pueden deglutir para subsistir tienen que recibir líquidos o alimentos artificiales. Alguien tiene que decidir si esas personas han de recibir alimentación y cómo la tienen que recibir. Hay cuatro formas posibles de alimentación: básica, suplementaria, intravenosa y a través de una sonda.

La *alimentación básica* consiste en suministrar alimentos con cuchara, siguiendo una dieta regular (líquidos y sólidos). Se administran líquidos en caso de que el enfermo sienta malestar a causa de la sed (la deshidratación puede llegar a ser muy desagradable en las personas que mantienen la conciencia). Las personas incapaces de deglutir pueden recibir líquidos por vía subcutánea (por debajo de la piel) o intravenosa.

Con la *alimentación suplementaria* se suministran, además de la alimentación básica, suplementos de alto contenido energético y vitaminas. No se utiliza la alimentación intravenosa.

La *alimentación intravenosa* es para las personas cuyos intestinos no absorben los alimentos. Los líquidos y los alimentos se administran directamente en las venas. Este método es eficaz sólo durante un período de tiempo limitado, porque las agujas terminan dañando las venas. Cuando los vasos sanguíneos de los brazos ya no se pueden utilizar, se recurre a las venas principales del pecho y del cuello.

La *alimentación a través de una sonda* emplea sondas nasogástricas o de gastrostomía, o bien ambas simultáneamente. Las primeras se hacen pasar a través de la nariz hasta alcanzar el estómago y se emplean en enfermos que pueden digerir alimentos pero que no pueden deglutir. La mayoría de las personas las toleran bien, pero hay quienes las encuentran incómodas y continuamente se las retiran. Las sondas de gastrostomía pasan a través de la pared abdominal hasta llegar al estómago; se emplean en personas que no toleran la sonda nasogástrica, o en quienes precisan recibir este tipo de alimentación durante mucho tiempo. Las sondas de gastrostomía pueden colocarse sin necesidad de anestesia general. Apenas son dolorosas y no causan problemas.

PARO CARDÍACO

La reanimación cardiopulmonar, o RCP, es un procedimiento de emergencia con el que se intenta restablecer la respiración y el latido cardíaco cuando ha existido una parada cardiorrespiratoria. Si es posible, las decisiones sobre las RCP deben haberse planificado. La RCP incluye diversas actuaciones: masaje cardíaco para mantener el flujo sanguíneo en el corazón, la respiración boca a boca o el empleo de un respirador (respiración mecánica). También se emplean fármacos y desfibriladores eléctricos (aparatos con los que a través de un electrochoque se intenta que el corazón vuelva a latir).

En un principio la RCP fue concebida para personas que habían sufrido un paro cardíaco a consecuencia de un infarto, un ahogamiento o alguna otra causa. Si el corazón sano de una persona sufre un paro, existe la oportunidad de mantener a la persona viva hasta que reciba la asistencia médica intensiva necesaria para tratarlo. La RCP puede proporcionar a esa persona muchos años de vida adicionales con una buena calidad de vida.

En ancianos con demencia grave, la RCP fracasa casi siempre. Las pocas personas que sobreviven no suelen después vivir mucho tiempo. Pero el personal hospitalario está obligado a hacer todo lo posible para salvar a la persona en una urgencia médica. A menos que existan claras instrucciones en sentido contrario, a todos los pacientes se les practica la RCP.

Una orden de «NO PRACTICAR RCP» establece que no se desea que se efectúen intentos de reanimación cuando se detienen la respiración o el corazón. Esta orden es cada vez más frecuente, a medida que aumenta el temor de las personas a que se utilice la tecnología médica para prolongar sus vidas de forma artificial, subsistiendo con una calidad de vida muy pobre. Muchas personas prefieren tener un tranquilo final cuando les llegue el momento.

CUESTIONES RELATIVAS A LA ASISTENCIA PERSONAL

En las últimas fases del Alzheimer, los enfermos necesitan que alguien les asista en su cuidado personal. Es posible que precisen ayuda para arreglarse, vestirse, alimentarse, ir al lavabo, comprar o escoger el lugar donde vivir. Quien haya sido designado en la declaración de voluntad previa como representante es el encargado de tomar las decisiones referentes a la asistencia personal, pero esta persona necesita conocer cuáles son los deseos del enfermo. ¿Desea llevar la ropa que proporcionan en el hospital? ¿Es importante llevar los cabellos arreglados, o ir bien afeitado? ¿Se debe proceder al aseo personal aunque exista una oposición en el momento de llevarlo a cabo? ¿Se debe permitir comer todo lo que se quiera o bien se tiene que mantener una dieta sana? ¿Qué pequeños lujos son verdaderamente importantes y a cuáles se puede renunciar por ser lo más conveniente?

DONACIÓN DE ÓRGANOS

En los últimos veinte años, desde que se han desarrollado fármacos para evitar el rechazo de los tejidos trasplantados provenientes de otras personas, la donación de órganos se ha generalizado. Muchos de nosotros conocemos a alguien que está vivo gracias a que ha recibido un corazón, un pulmón, un riñón, un hígado o médula ósea. Algunas personas que eran ciegas ahora pueden ver debido a los trasplantes de córnea. Antes de efectuar la declaración de voluntad para la asistencia médica futura sería muy conveniente plantearse dónde se desean donar los órganos.

¿CON QUIÉN DEBE DEBATIRSE LA DECLARACIÓN DE VOLUNTAD PARA LA ASISTENCIA MÉDICA FUTURA?

Antes de su emisión, la declaración debe debatirse con la familia, los amigos íntimos y el médico. Sin embargo, la decisión final debe ser la del declarante, y no ser consecuencia de la presión ejercida por otras personas. Una buena idea es debatir estas cuestiones con el médico, porque es posible que sea a él a quien llamen cuando la persona enferme. El médico debe estar capacitado para responder a cualquier pregunta que se le formule y podrá comunicar a terceras personas los deseos del paciente si éste lo desea. No se necesita un abogado para cumplimentar este documento, pero es posible que se le quiera comentar la existencia del mismo cuando se tenga que redactar o modificar el testamento. Hay que dar una copia de la declaración al médico y otra a quien haya sido designado representante. Si se desea se pueden hacer fotocopias y darlas a la familia y al abogado.

QUIERO QUE SE ME PERMITA DECIDIR
DECLARACIÓN DE VOLUNTAD SOBRE LA ASISTENCIA MÉDICA Y PERSONAL FUTURA

1. Introducción

En esta Declaración expongo mis deseos respecto a la asistencia médica y personal que deseo recibir si llega el momento en el cual quedo incapacitado para comunicarme debido a una enfermedad o una lesión. Esta Declaración no deberá utilizarse nunca si soy capaz de decidir por mí mismo. Nunca debe sustituir a mi opinión si puedo tomar personalmente las decisiones.

Si llega el momento en el que quedo incapacitado para adoptar estas decisiones, mi deseo es que esta Declaración sea seguida y respetada. Por favor, hagan todo lo necesario para mantener mi bienestar y aliviar mi dolor. Aun cuando es posible que haya indicado que no deseo recibir determinados tratamientos, admito que éstos sean necesarios para mantener mi bienestar. Entiendo que mis opciones deben quedar anuladas si es necesario aplicarme un tratamiento para conseguir mi bienestar.

He meditado sobre esta Declaración y la he debatido con mi familia, mis amigos y mi médico. En caso de una urgencia, ruego que por favor se pongan en contacto con mi representante / sustituto encargado de tomar las decisiones por mí, o con mi médico (relacionados más abajo). Si estas personas no se encuentran disponibles, procedan entonces como he solicitado en esta Declaración.

Yo, _____, revoco cualquier poder notarial previo por mí otorgado sobre asistencia médica y personal y DESIGNO A _____ para actuar de forma individual y conjunta como mi representante (apoderado, mandatario) y hacer en mi defensa cualquier cosa que yo legalmente pueda hacer a través de un representante para la asistencia personal, incluyendo prestar el consentimiento para recibir tratamiento. Si el representante deviene incapaz, no desea ejercer la representación, o en el caso de su renuncia, fallecimiento, incapacidad mental, recusación o sustitución judicial, entonces designo subsidiariamente a _____ _____ sustituto, representante (apoderado, mandatario) para actuar de forma individual y conjunta como mi representante (apoderado, mandatario) para mi asistencia personal.

(Si ha designado a más de sustituto [representante, apoderado o mandatario] o ha previsto más de una designación subsidiaria y desea que cada una de las personas indicadas tenga autoridad para actuar de forma individual, deje sin señalar las palabras «de forma individual y conjunta». Si desea que actúen únicamente juntas, no de forma independiente, tache «...individual...» y deje «de forma...conjunta». Si sólo ha designado a una persona tache «de forma individual y conjunta».)

Datado y firmado en _____ , a ___ de_____ de_____

_____
Firma   Nombre en letra clara   N° de tarjeta sanitaria

2. *Declaración personal*

«Considero que una enfermedad irreversible es aquella que

_____
_____
_____
_____
_____
_____
_____
_____
_____

Estaría de acuerdo en lo siguiente (escriba SÍ o NO):

Transfusión sanguínea _____   Exploración *post mortem* _____
Donación de órganos _____   Incineración _____

3. Tabla de asistencia médica

Si mi enfermedad es reversible / aceptable			Si mi enfermedad es irreversible / inaceptable		
Enfermedad con riesgo para la vida	Paro cardíaco	Alimentación	Enfermedad con riesgo para la vida	Paro cardíaco	Alimentación
Paliativos Limitados Quirúrgicos Intensivos	No RCP RCP	Básica Suplementaria Intravenosa A través de una sonda	Paliativos Limitados Quirúrgicos Intensivos	No RCP RCP	Básica Suplementaria Intravenosa A través de una sonda
Fecha Firma		Firma del representante		Firma del médico	
Renovación anual después de una enfermedad, o en caso de cualquier cambio en el estado de salud					
Fecha Firma		Firma del representante		Firma del médico	
Fecha Firma		Firma del representante		Firma del médico	
Fecha Firma		Firma del representante		Firma del médico	
Fecha Firma		Firma del representante		Firma del médico	

4. Definiciones

Enfermedad reversible: enfermedad en la que tengo una calidad de vida aceptable.

Enfermedad irreversible: enfermedad en la que padezco una incapacidad insoportable o inaceptable (por ejemplo, esclerosis múltiple, apoplejía, traumatismo craneal grave, enfermedad de Alzheimer).

Alimentación

Básica: alimentos con cuchara, siguiendo una dieta regular. Administrar por vía oral todos los líquidos que pueda tolerar, pero no intentar alimentar siguiendo dietas especiales, ni administrar líquidos por vía intravenosa o a través de sondas.

Suplementaria: administrar suplementos o dietas especiales (por ejemplo, suplementos hipercalóricos, de grasas o de proteínas).

Intravenosa: administrar nutrientes (agua, sal, carbohidratos, proteínas y grasas) por vía intravenosa.

A través de una sonda: emplear una sonda. Hay dos tipos principales.

Nasogástrica: una sonda blanda de plástico se hace pasar a través de la nariz o la boca hasta llegar al estómago.

Gastrostomía: una sonda blanda de plástico se hace pasar a través de la piel que hay sobre el abdomen hasta llegar directamente al estómago.

Paro cardíaco (RCP)

No RCP: no efectuar ningún intento de reanimación.

RCP: emplear masaje cardíaco con la respiración boca a boca; también se puede recurrir a la vía intravenosa, electrochoque en el corazón (desfibriladores), sondas en la tráquea hasta los pulmones (sondas endotraqueales).

Niveles de asistencia

Cuidados paliativos

— Mantenerme abrigado, seco y sin que sufra dolor.

— No trasladarme al hospital a menos que sea absolutamente necesario.

— Únicamente adoptar aquellas medidas que sirvan para mejorar mi bienestar o minimizar el dolor (por ejemplo, morfina para el dolor).

— Recurrir a la vía intravenosa únicamente si ello sirve para mejorar mi bienestar (por ejemplo, debido a la deshidratación).

— No se deben utilizar rayos X, ni realizar análisis de sangre, ni administrar antibióticos, a menos que sirvan para mejorar mi bienestar.

Cuidados limitados

— Si es necesario se me puede trasladar al hospital.

— Se puede recurrir a la terapia intravenosa si procede.

— Los antibióticos se deben utilizar con moderación.

— Se puede utilizar un ensayo de fármacos adecuados.

— No recurrir a procedimientos cruentos (por ejemplo, cirugía).

— No trasladarme a una unidad de cuidados intensivos.

Cuidados quirúrgicos (incluidos los limitados)

— Trasladarme a un hospital para enfermos agudos (donde se puede examinar al enfermo).

— Realizar cirugía de emergencia si es necesaria.

— No trasladarme a una unidad de cuidados intensivos.

— No emplear un respirador, excepto después de una intervención quirúrgica (esto es, una sonda a través de la tráquea y conectada a un aparato respirador).

Cuidados intensivos (incluidos los quirúrgicos)

— Trasladarme a un hospital de enfermos agudos sin vacilación.

— Trasladarme a una unidad de cuidados intensivos si es necesario.

— Recurrir a la respiración asistida si es necesario.

— Insertar una vía central (esto es, utilizar las arterias principales para administrar líquidos cuando los restantes vasos sanguíneos estén colapsados).

— Emplear cirugía, biopsias, todos los sistemas de apoyo vital y cirugía de trasplante.

— Hacer todo lo posible para mantenerme vivo.

5. Firmas

Médico de cabecera

Nombre: _____

Dirección: _____

Teléfono (casa): _____ Teléfono (trabajo): _____

Firma: _____

Representante/Sustituto/Apoderado

    1. Nombre: _____

    Dirección: _____

    Teléfono (casa): _____ Teléfono (trabajo): _____

    Teléfono móvil: _____

    2. Nombre: _____

    Dirección: _____

    Teléfono (casa): _____ Teléfono (trabajo): _____

    Teléfono móvil: _____

Testigos

    Somos los testigos en este otorgamiento de poderes. Hemos firmado estos poderes en presencia de la persona cuyo nombre aparece más abajo y de todas las demás personas cuya presencia consta en este otorgamiento, en la fecha reseñada. Ninguno de nosotros es el representante, el cónyuge o la pareja del representante, un hijo del poderdante, o persona a quién el poderdante haya demostrado su firme intención de tratar como a un hijo, ni tampoco persona cuya propiedad está bajo la tutela del poderdante, ni pupilo de éste. Ninguno de nosotros es menor de edad. Tampoco tenemos motivo alguno para pensar que el poderdante está incapacitado para otorgar estos poderes de asistencia personal, o para adoptar decisiones respecto a las instrucciones contenidas en este documento.

    1. Nombre: _____

    Dirección: _____

    Teléfono (casa): _____ Teléfono (trabajo): _____

    Firma: _____

    2. Nombre: _____

    Dirección: _____

    Teléfono (casa): _____ Teléfono (trabajo): _____

    Firma: _____

Capítulo 10

Tratamientos para la enfermedad
de Alzheimer

Aunque no existe curación para el Alzheimer, en la actualidad hay fármacos que no sólo ralentizan el progreso de la enfermedad y mejoran la memoria, sino que también alivian la depresión, la ansiedad y el enfado. Si se utilizan de forma adecuada, estos fármacos pueden mejorar notablemente la calidad de vida, tanto del paciente como de su cuidador. Un uso incorrecto puede repercutir negativamente en la calidad de vida y hacer que la enfermedad empeore.

Cuando se trata a una persona que padece la enfermedad de Alzheimer es importante establecer «los objetivos del tratamiento». Dado que la curación no es posible, los objetivos deben ser mejorar la funcionalidad del paciente y su bienestar. La determinación del objetivo tiene importancia tanto para prolongar la vida del enfermo como para mejorar su bienestar.

La ansiedad y la depresión siempre se tienen que tratar, puesto que ello repercutirá en la funcionalidad del paciente y en su calidad de vida. El tratamiento de una enfermedad mortal es la cuestión más complicada. Si se sufre una neumonía en la fase inicial del Alzheimer, lo adecuado es administrar antibióticos. Sin embargo, este tipo de medicamentos puede estar contraindicado al final de la enfermedad, cuando la persona está postrada en cama y sufre incontinencia. Es posible que lo único que se consiga con el tratamiento en la fase final sea prolongar la agonía. Cuando se está ante un caso de Alzheimer grave, el objetivo del tratamiento son los cuidados paliativos (la preservación de la dignidad de la persona y el intento de mitigar los síntomas). Se debe procurar reconocer que la muerte es la inevitable consecuencia de esta enfermedad y permitir que tenga lugar de una forma natural.

El sistema de asistencia sanitaria tiene tres objetivos. El primero de ellos es reducir la incapacidad, así como fomentar la salud y la prevención. El segundo es examinar a los enfermos para determinar quién debería beneficiarse de un tratamiento y quién no y, de esta manera, asegurarse de que quien lo recibe es quien se puede beneficiar, evitando estudios y trámites respecto a quien no obtendrá ventaja alguna. El tercer objetivo es garantizar una muerte natural, con un sufrimiento mínimo, a las personas gravemente incapacitadas que se encuentran al final de sus vidas. En las fases finales del Alzheimer la muerte puede ser una consecuencia deseada. Después de una larga lucha contra la enfermedad, muchas veces la familia y los amigos se sienten aliviados cuando la persona muere y termina su sufrimiento.

Una de las áreas que ha experimentado un mayor crecimiento en la asistencia sanitaria actual es la búsqueda de las causas del envejecimiento. Todo el mundo quiere vivir más tiempo y mantenerse sano y con vitalidad. Despiertan gran interés los tratamientos que retrasan el envejecimiento y preservan la salud. Dado que el Alzheimer es una enfermedad frecuente entre los ancianos, existe un creciente interés por encontrar tratamientos farmacológicos para evitarla, para frenar su progresión o, por lo menos, para mejorar la memoria y la funcionalidad de quienes la padecen.

Se pueden dividir los tratamientos farmacológicos en tres amplias categorías:

- Tratamiento curativo.
- Tratamiento preventivo.
- Tratamiento sintomático.

TRATAMIENTO CURATIVO

En el momento actual no existe curación para la enfermedad de Alzheimer. Se desconoce cuál es su causa y no se puede evitar que la enfermedad progrese una vez que ha empezado. Sin embargo, continúan efectuándose grandes esfuerzos de investigación y los científicos están logrando importantes avances en la identificación de las causas del Alzheimer (véase el capítulo 8).

TRATAMIENTO PREVENTIVO

Todavía no es posible evitar la enfermedad, pero a medida que aprendemos más y más sobre ella estamos descubriendo tratamientos que pueden retrasar su progreso una vez que ha aparecido. Existen en la actualidad cuatro tratamientos distintos que parecen enlentecer o retrasar la pérdida de memoria en los ancianos.

ESTRÓGENOS

En las mujeres, la hormona estrógena tiene múltiples y poderosas propiedades contra el envejecimiento. No sólo ayuda a prevenir la osteoporosis (pérdida de la masa ósea), las cardiopatías y las apoplejías, sino que cada vez hay más pruebas de que en algunas mujeres ayuda también a impedir el Alzheimer. Los estrógenos actúan en el cerebro como un factor neurotrópico, fomentando el desarrollo de las neuronas y mejorando su estado. También incrementan el neurotransmisor acetilcolina y aumentan el flujo sanguíneo en el cerebro. Según un estudio, en el que se realizó un seguimiento durante cinco años a 1.124 mujeres de 70 o más años, anualmente enfermaban de Alzheimer el 3 % de las que tomaban estrógenos, mientras que entre las que no los tomaban desarrollaban la enfermedad el 8 %. Estudios a largo plazo han demostrado que las mujeres que toman estrógenos envejecen más lentamente. Sin embargo, a muchas mujeres les da miedo tomar estrógenos debido al incremento del riesgo de contraer cáncer de mama y de útero. Las mujeres con un historial previo o con un historial familiar de cáncer de mama deben evitar los estrógenos. Conviene consultar esta cuestión con el médico.

VITAMINA E

Un estudio reciente demostró que la vitamina E retrasa de forma significativa el progreso de la enfermedad de Alzheimer. A un grupo de personas con Alzheimer se les administró bien vitamina E, bien selegilina (un fármaco que actúa sobre las sustancias químicas del cerebro), bien una combinación de ambas o bien placebo (un compuesto inactivo) y se les efectuó un seguimiento durante aproximadamente dos años. En los enfermos que tomaron vitamina E el proceso de pérdida de memoria fue más lento que el de aquellos que tomaron selegilina, la combinación de vitamina E y seligilina, o placebo. Los enfermos del estudio tomaron diariamente 2.000 unidades internacionales (UI) de vitamina E, repartidas en dos dosis de 1.000 UI. Ésta es una dosis mucho más alta de vitamina E de la que se suele administrar habitualmente.

En el momento actual no sabemos si la vitamina E realmente ayuda a prevenir el Alzheimer, o si retrasa la edad en la que aparece, o si simplemente hace que su progresión sea más lenta. Es preciso analizar estos hallazgos en nuevos estudios. Tampoco sabemos si una dosis menor tendría los mismos efectos. Se desconoce el riesgo que pueden entrañar a largo plazo unas dosis mayores de vitamina E.

ANALGÉSICOS ANTIINFLAMATORIOS NO ESTEROIDES

Estudios recientes indican que el cerebro de los enfermos de Alzheimer puede estar inflamado. Algunos investigadores han ido más lejos sugiriendo que la única causa del Alzheimer es esa inflamación. Los estudios apuntan que los fármacos antiinflamatorios, como la aspirina (ácido acetilsalicílico) y el ibuprofeno eliminan la inflamación y pueden realmente evitar o enlentecer la progresión del Alzheimer. Se ha demostrado que, por término medio, los cerebros de las personas que toman estos antiinflamatorios envejecen tres años más tarde. Desconocemos cuál de estos fármacos es más efectivo, o cuál es la dosis que debe administrarse. Algunos investigadores indican que 325 mg diarios de aspirina pueden ser suficientes. En la actualidad no se sabe si estos fármacos antiinflamatorios tienen efectos acumulativos cuando se administran de forma conjunta con estrógenos.

La aspirina puede provocar hemorragias en el estómago. También puede aumentar la tendencia a padecer una hemorragia. Quienes la toman pueden constatar que les salen hematomas con mayor facilidad. Siempre debe administrarse con el estómago lleno, porque esto reduce la probabilidad de sufrir úlceras estomacales y hemorragias. La forma de absorción lenta se deshace más lentamente y esto reduce el riesgo de sufrir los referidos problemas. Consulte con su médico antes de empezar a tomarla con regularidad. Dosis elevadas de aspirina, o de fármacos como el ibuprofeno, pueden dañar los riñones, provocar retención de líquidos y hacer que aumente la presión arterial. Sólo deben tomarse bajo control facultativo.

SELEGILINA

Este fármaco se emplea en el tratamiento de la enfermedad de Parkinson. Durante años se ha promocionado como fármaco contra el envejecimiento. Aunque retrasa la progresión del Alzheimer no se utiliza de forma generalizada debido a que es menos eficaz que la vitamina E, es más caro y tiene más efectos secundarios. Lamentablemente, cuando la selegilina se administra conjuntamente con la vitamina E sus efectos no son acumulativos. De hecho, la vitamina E sola es mejor que la selegilina, o que la combinación de vitamina E y selegilina. Esto sugiere que tal vez estos medicamentos pueden interferir el uno con el otro. Ello debería constituir un aviso para quienes toman muchas hierbas distintas y vitaminas. Las combinaciones no son necesariamente mejores que la administración aislada de un fármaco y los efectos combinados pueden ser, de hecho, nocivos.

En el futuro, es probable que un número cada vez mayor de personas tomen «cócteles antienvejecimiento». Estas combinaciones están siendo estudiadas, pero en el momento actual parece que la vitamina E con aspirina, y estrógenos en las mujeres, es la mejor mezcla farmacológica para enlentecer o quizás evitar la enfermedad de Alzheimer. Sin embargo, estas combinaciones no han sido lo suficientemente estudiadas y no se pueden recomendar al público en general. Consulte con su médico antes de empezar a tomar cualquiera de estos fármacos.

GINKGO BILOBA

El *Ginkgo biloba* es un árbol asiático con hojas en forma de abanico y semillas amarillas carnosas. El extracto de *Ginkgo biloba*, al que se denomina EGb 761, es uno de los extractos vegetales más utilizados en Europa y Asia para mejorar la memoria. En Alemania, recientemente se ha aprobado su empleo para el tratamiento de la enfermedad de Alzheimer. No se conoce por completo cómo actúa sobre el sistema nervioso, pero parece que tiene una acción antioxidante, similar a la de las vitaminas E y C. En un estudio reciente, a 309 enfermos de Alzheimer se les administraron diariamente durante un año 120 mg de ginkgo. La sustancia resultó ser segura y pareció estabilizar e incluso mejorar la capacidad cognitiva de esas personas. La mejoría experimentada fue equivalente a seis meses de retraso en la progresión de la enfermedad en un tercio de los pacientes. No se sabe si dosis más elevadas tendrían mejores efectos.

TRATAMIENTO SINTOMÁTICO

MEJORA DE LA MEMORIA

La pérdida de memoria constituye la primera manifestación del Alzheimer. Todos los intentos de tratar la enfermedad se han dirigido a mejorar la memoria. Dado que en la enfermedad de Alzheimer los nervios que producen el neurotransmisor acetilcolina quedan dañados, se ha intentado aumentar los niveles de esta sustancia química en el cerebro, con la esperanza de que así mejoraría la memoria y disminuirían los síntomas. Para elaborar la acetilcolina se utiliza colina y lecitina; sin embargo, los estudios en los que se han utilizado estas sustancias, tratando de conseguir alguna mejoría en la enfermedad de Alzheimer, han fracasado.

¿Cómo actúa la acetilcolina?

La acetilcolina se libera en el minúsculo espacio que hay entre dos nervios, donde se produce la transmisión nerviosa de la información. En la actualidad, los neurólogos opinan que los nervios que utilizan esta sustancia química son los responsables de la memoria a corto plazo. Cuando se libera la sustancia, sólo se mantiene activa durante una millonésima de segundo, después es descompuesta por una enzima denominada *acetilcolina esterasa*. Se conocen muchos fármacos distintos que bloquean la acetilcolina esterasa: se denominan *anticolinesterasas*.

Estudios realizados hace muchos años demostraron que el fármaco denominado fisostigmina, una anticolinesterasa, podía bloquear esta enzima y mejorar la memoria. El problema con la fisostigmina era que sus efectos duraban únicamente unas pocas horas y tenía que administrarse con frecuencia. Empezó a buscarse un fármaco que pudiera tomarse por vía oral, cuyos efectos se prolongaran por más tiempo y que no tuviera graves efectos secundarios.

Tacrina

La tacrina es un fármaco que ha sido probado y que se ha demostrado que mejora la memoria. Pero la tacrina provoca náuseas y daños en el hígado. Las personas que lo toman han de someterse regularmente a análisis de sangre para comprobar los daños en el hígado. Muchas personas no lo toleran. Una parte de quienes lo toleran obtienen beneficios; sin embargo, muchos médicos opinan que sus efectos son tan pequeños y el riesgo tan elevado que no debe prescribirse. En la actualidad raramente se utiliza, excepto en algunos enfermos a los que se les administra durante un lapso de tiempo.

Donepezilo

Más recientemente, se ha probado una nueva y mejor anticolinesterasa denominada donepezilo y se ha demostrado que los enfermos de Alzheimer la toleran mejor. El donepezilo mejora la capacidad para llevar a cabo actividades de la vida cotidiana, como vestirse y lavarse. En general, los cuidadores observan una mejoría en las personas a las que atienden. Este fármaco no influye en la progresión de la enfermedad, pero mejora la memoria de forma significativa y se percibe un cambio equivalente a un retraso de seis meses en la enfermedad. Se tolera bien y se administra una sola vez al día, normalmente en el momento de acostarse. El principal efecto secundario es, en algunos casos, la diarrea, que normalmente remite a los pocos días. Algunas personas experimentan una disminución del ritmo cardíaco, que puede suponer un problema.

El fármaco únicamente está disponible por prescripción facultativa; los cuidadores deben aprender a tomar el pulso del enfermo para controlarlo durante las primeras semanas de su administración. Si el paciente se marea o el ritmo del corazón se sitúa por debajo de las 50 pulsaciones por minuto, debe dejarse de tomar y hay que consultar con el médico. El donepezilo no cura, pero puede tener importantes efectos beneficiosos en el enfermo de Alzheimer, lo cual repercute también de manera positiva en el cuidador.

Fármacos en proceso de estudio

• *Rivastigmina*: se trata de un potente inhibidor de la acetilcolina esterasa que actúa incrementando el nivel de acetilcolina; por lo tanto, sus efectos son similares a la tacrina y al donepezilo. Parece una sustancia prometedora como nuevo tratamiento potencial. Los efectos secundarios más habituales son náuseas, vómitos, dolor de cabeza, mareos y presión arterial baja.

- *Galantamina* y *metrifonato*: son compuestos que incrementan el nivel de acetilcolina en el cerebro. Ambos son prometedores como nuevos tratamientos potenciales para la demencia. Con el tiempo, se efectuarán estudios para comparar estos compuestos y determinar cuál es más efectivo y tiene menos efectos secundarios.
- *Propentofilina*: tiene un efecto antiinflamatorio y por ello puede reducir los daños que la inflamación causa en el cerebro a los enfermos de Alzheimer. Parece prometedor como tratamiento para el Alzheimer y la demencia multi-infarto. Mejora el flujo sanguíneo y acelera el metabolismo en el cerebro, lo cual puede contribuir a que disminuya el deterioro de las células cerebrales.
- *Cerebrolisina*: es una sustancia elaborada a base de extractos de cerebro de cerdo y actúa imitando los efectos del factor natural de crecimiento neuronal. Se administra por vía intravenosa. Los estudios iniciales se muestran muy prometedores. Tiene unos efectos secundarios mínimos: dolor de cabeza, mareos y enrojecimiento.

ANSIEDAD

La ansiedad es normal en el Alzheimer. Probablemente afecta a todas las personas en algún momento en el curso de la enfermedad. La persona siente temor, acompañado de síntomas corporales, como respiración rápida y aceleración del ritmo cardíaco. El miedo a quedarse solo es el tipo de ansiedad más frecuente. A menudo, la ansiedad puede tratarse modificando el entorno ambiental de la persona, o bien proporcionándole orientación y tranquilizándola. Sin embargo, en muchas ocasiones es preciso recurrir a la medicación.

Benzodiazepinas

Todas las benzodiazepinas tienen la misma acción y los mismos efectos. La gran diferencia entre ellas es el tiempo que dura su acción en el organismo. La «vida media» es el espacio de tiempo que tarda en desintegrarse la mitad del fármaco en el torrente sanguíneo. Cuanto más larga es la vida media más prolongados son los efectos del fármaco.

COMPARACIÓN DE ALGUNAS BENZODIAZEPINAS COMUNES			
	Vida media	*Ventajas*	*Desventajas*
Clonazepam	De 20 a 80 horas	Pueden administrarse dosis bajas para la ansiedad crónica	Se almacena en el tejido adiposo; se acumula
Diazepam	De 14 a 100 horas	—	Se almacena en el tejido adiposo; se acumula
Lorazepam	De 10 a 20 horas	No se almacena en caso de sobredosis	—
Oxacepam	De 5 a 20 horas	No se almacena en caso de sobredosis	—

Las benzodiazepinas se emplean para tratar los ataques de pánico, la ansiedad y la agitación. En ocasiones pueden crear problemas. A veces provocan somnolencia y, en los ancianos, la vida media no es tan prolongada como está indicado. Las personas que lo toman tienen más riesgo de sufrir accidentes de circulación. Se puede producir síndrome de abstinencia varias semanas después de cesar su administración. La utilización frecuente de benzodiazepinas de corta acción provoca la reaparición de la ansiedad y, en algunos enfermos de Alzheimer, estos fármacos aumentan el comportamiento agresivo.

Sedantes

El hidrato de cloral, el viejo fármaco conocido con el nombre de «somnífero», es un gran sedante que se administra en el momento de acostarse y que tiene una vida media de 8 a 10 horas. Normalmente se toma con las comidas para evitar los trastornos gástricos; no obstante, aun así se pueden producir molestias de estómago y, en ocasiones, puede dejar un dolor de cabeza parecido a la «resaca» por la mañana. La tolerancia se desarrolla muy rápidamente. El hidrato de cloral es el fármaco más empleado para sedar a los ancianos. Alternar de 5 a 7 días de hidrato de cloral con la administración de temazepam durante otros tantos días evita la acumulación de la sustancia o su tolerancia.

Neurolépticos

Originalmente se emplearon para tratar la esquizofrenia. En dosis bajas son muy útiles para tratar la ansiedad a corto plazo. Los neurolépticos se explican con mayor detalle más adelante en este mismo capítulo.

Buspirona

Se trata de un fármaco no adictivo y que no provoca síndrome de abstinencia. Es efectivo pero puede tardar varias semanas en dar resultados.

Antidepresivos tricíclicos

A menudo se utilizan eficazmente en pequeñas dosis para tratar la ansiedad.

Betabloqueantes

Los betabloqueantes (habitualmente propranolol) se utilizan normalmente para combatir la presión arterial alta y las cardiopatías. Sin embargo, se han empleado con éxito en el tratamiento de la ansiedad.

DEPRESIÓN

En los enfermos de Alzheimer la depresión es frecuente. Más de la mitad de los enfermos la padecen. La depresión reduce la calidad de vida y hace que la pérdida de memoria empeore. El aspecto positivo que debe resaltarse es que puede ser tratada y que mejora con la administración de fármacos.

Inhibidores selectivos de la recaptación de serotonina (ISRS)

Al igual que el neurotransmisor acetilcolina afecta a la memoria, se piensa que el neurotransmisor serotonina es el responsable del estado de ánimo. Los fármacos que incrementan los niveles de serotonina en el cerebro mejoran el ánimo de la persona. Los antidepresivos más utilizados en la actualidad pertenecen al grupo de sustancias que elevan los niveles de serotonina en el cerebro, bloqueando la reabsorción de esta sustancia una vez que se libera.

- *Fluoxetina*: es uno de los fármacos que más éxito ha tenido en la historia. Se calcula que más de 11 millones de personas en todo el mundo toman fluoxetina. Es un tratamiento para la depresión y lo utilizan casi tres millones de estadounidenses. Los efectos secundarios incluyen disminución del apetito, náuseas, agitación, disminución del deseo sexual y aumento de peso. Es posible que para los ancianos sea excesivamente estimulante y puede interactuar con otros fármacos.
- *Paroxetina*: es similar a la fluoxetina y puede ser mejor tolerada por los ancianos. Es más sedante que la fluoxetina y hace disminuir la ansiedad. También puede causar interacciones farmacológicas; debe administrarse con cuidado si se toman otros medicamentos.
- *Sertralina*: es más sedante que la paroxetina y es menos probable que interactúe con otros fármacos. Normalmente se administra al acostarse.
- *Fluvoxamina*: provoca sedación y se emplea en personas que padecen trastornos del sueño. Se suele administrar al acostarse.

Antidepresivos tricíclicos

Este tipo de fármacos se ha utilizado con éxito durante décadas para tratar la depresión. Hacen aumentar el nivel de neurotransmisores en el cerebro. Lamentablemente, los ancianos son propensos a padecer sus efectos secundarios, lo cual limita su utilidad. Los ISRS son en la actualidad los fármacos que se suelen administrar a los ancianos. Ejemplos de antidepresivos tricíclicos son: amitriptilina, doxepina, nortriptilina y desipramina. Los efectos secundarios comunes son: confusión, que puede empeorar la pérdida de memoria; sequedad de boca; estreñimiento; disminución de la presión arterial; e irregularidades en el ritmo cardíaco. Algunos tricíclicos, como la amitriptilina y la doxepina no se suelen utilizar en los ancianos debido a sus efectos secundarios.

Inhibidores de la monoamino oxidasa (IMAO)

La monoamino oxidasa es una sustancia química del cerebro que descompone los neurotransmisores. Su nivel aumenta con la edad, con lo cual cuando se envejece puede contribuir a la depresión. Se sabe que los fármacos que bloquean la acción de esta sustancia química curan la depresión.

La moclobemida es el principal fármaco de esta clase que se usa en ancianos. Es un antidepresivo efectivo y seguro, que se administra por la mañana y al mediodía. No existe ninguna restricción con los alimentos y tiene menos efectos secundarios. No afecta a la función sexual, como lo hacen los ISRS, por lo que lo suelen emplear los adultos para los que la disminución del impulso sexual es un problema.

AGRESIVIDAD

El enfado puede tener una causa bioquímica relacionada con los niveles de serotonina y constituye un grave problema en la enfermedad de Alzheimer. La agitación y el enfado son comportamientos debidos a:

- *Factores ambientales.* La persona con Alzheimer es menos propensa a entender los cambios ambientales o a adaptarse a ellos. Por ejemplo, cuando ingresan en un hospital pueden quedar muy desorientados o nerviosos, debido a que no entienden el motivo del cambio de entorno.
- *La misma enfermedad de Alzheimer.* Algunas personas con Alzheimer simplemente se comportan «mal» debido a que su cerebro ha quedado afectado por la enfermedad. Los cambios que se puedan efectuar en el ambiente no ayudarán a mejorar este tipo de agitación.
- *Delirio.* Este trastorno médico es frecuente en quienes padecen Alzheimer. Se trata de una pérdida repentina de la función cerebral debido a una deshidratación, una infección, fármacos tóxicos (por ejemplo, un antidepresivo tricíclico) u otra enfermedad. Normalmente el delirio provoca falta de atención y fluctuaciones en el grado de conciencia. A menudo, el delirio constituye una emergencia médica debido a la enfermedad subyacente que lo ha provocado. Por este motivo, una persona con Alzheimer que se muestra agitada necesita ser examinada a fin de descartar o tratar la deshidratación, una infección, un infarto u otra enfermedad aguda. Si los cambios efectuados en el ambiente no tienen éxito, una vez probado que no existe ninguna enfermedad médica subyacente, es posible que sea preciso iniciar una terapia farmacológica.

Neurolépticos

Estos tranquilizantes mayores sirven para tratar las alucinaciones y las ideas delirantes y se emplean ampliamente para la esquizofrenia. A menudo, los neurolépticos se utilizan para tratar el comportamiento agresivo en la enfermedad de Alzheimer. La cloropromazina fue el primer neuroléptico que se descubrió, en el año 1950. Muchas veces hace descender en exceso la presión sanguínea y causa una profunda sedación. Otros fármacos de esta categoría son: haloperidol, tioridazina, trifluoperazina, flupentixol, tiotixeno, loxapina y pimoxida.

El efecto secundario más habitual de los neurolépticos es la rigidez muscular, lo cual puede empeorar la movilidad y la funcionalidad. Esto se denomina «síndrome de Parkinson inducido farmacológicamente». A la persona le cambia la cara y pierde la expresión. Las manos tiemblan y no se levantan los pies al caminar, sino que se arrastran. No se pueden balancear los brazos al andar. Otro efecto secundario pueden ser la pérdida del control de la lengua y de los movimientos de la boca, lo cual se denomina «diskinesia tardía».

Algunos de estos fármacos son sedantes y pueden hacer disminuir la presión arterial, lo cual provoca caídas. Todos tienen efectos secundarios y deben emplearse con precaución, empezando con la dosis más baja posible, para posteriormente ir incrementándola a fin de conseguir los beneficios deseados sin que se produzcan efectos negativos. En ocasiones, para controlar el comportamiento agresivo, estos fármacos tienen que administrarse en unas dosis en las que se producen efectos secundarios, pero no cabe sino aceptarlos.

Inhibidores hormonales

La ciproterona se ha utilizado en el tratamiento de la agresividad de hombres con Alzheimer. Con este fármaco se inhibe la producción de tetosterona (la hormona sexual masculina), con lo cual se reducen los comportamientos sexuales inapropiados o violentos. A menudo, se utiliza junto con neurolépticos en casos de comportamientos problemáticos graves.

Sedantes

Fármacos como el hidrato de cloral alternados con temazepam pueden ser una opción apropiada. También se puede probar con otros sedantes, como el lorazepam. Muchas personas con problemas para conciliar el sueño prueban de tomar melatonina; a algunas personas les va bien, en tanto que a otras no les causa efecto, o no la toleran. En Canadá la melatonina no es legal y, por lo tanto, no es examinada; el suministro ilegal puede no ser seguro. En Estados Unidos es legal.

Anticonvulsivos

Los fármacos anticonvulsivos, como la carbamazepina y el ácido valproico, se han utilizado con éxito para tratar comportamientos agresivos. Los niveles en sangre de estos fármacos tienen que ser monitorizados cuidadosamente por un médico.

TRATAMIENTOS NO FARMACOLÓGICOS

La importancia de los tratamientos no farmacológicos no puede subestimarse. Los cuidadores necesitan recurrir a técnicas sencillas que les permitan afrontar toda la gama de comportamientos problemáticos que muestran los enfermos de Alzheimer. La utilización de terapias no farmacológicas, como acupuntura, digitopuntura, masaje, curación por el tacto, está ampliamente extendida. Muchas de estas terapias no han sido todavía lo suficientemente estudiadas como para recomendar su uso generalizado y algunas están basadas en teorías contrarias a los principios científicos establecidos.

Sin embargo, muchos cuidadores sostienen que tanto ellos como las personas a las que cuidan se han beneficiado de estas técnicas y es posible que usted encuentre que algunas de ellas le son útiles. Si estos métodos sirven para proporcionar relax y para afrontar las difíciles situaciones que esta enfermedad plantea, no hay que preocuparse demasiado si sus principios teóricos son válidos. Simplemente conviene recordar que algunas de estas terapias no probadas son caras y que se comercializan de forma agresiva; si no está seguro de alguna de ellas, consulte con su médico.

LA CURACIÓN A TRAVÉS DEL TACTO

La curación a través del tacto es una terapia que se remonta a la noche de los tiempos. Tiene precedentes en todas las culturas. En las Sagradas Escrituras se menciona la imposición de manos y hay noticias de esta terapia en Asia, la Polinesia, India, Egipto, los nativos americanos y las culturas celtas. En los tiempos modernos se ha utilizado una amplia variedad de estas terapias, incluyendo la japonesa *reiki* y la china *gigong*. La teoría que hay detrás de la curación a través del tacto es que todos los organismos vivos tienen campos energéticos y estos campos están conectados entre sí. Se sostiene que la enfermedad se debe a un desequilibrio, cambio o modificación en un campo energético. El objetivo del curador es utilizar su propia energía, junto con la de su cliente, para restablecer el equilibrio o reconstruir el campo energético, de forma que el organismo pueda sanar por sí mismo. Se trata de una técnica incruenta, no emplea tecnología y no tiene efectos secundarios perjudiciales.

Principios similares subyacen en muchas técnicas terapéuticas distintas, como la acupuntura, la digitopuntura, la reflexología, la terapia del masaje, el *shiatsu* y el tocamiento terapéutico.

EL RECURSO A LOS PERROS

Cuando alguien con Alzheimer se encierra en sí mismo y no desea hablar, puede ser el momento de recurrir a los expertos en comunicación no verbal: los perros. Organizaciones voluntarias conciertan visitas privadas de perros mansos y disciplinados (con sus amos) a enfermos ingresados en hospitales y en hogares de ancianidad. A menudo, la presencia afectuosa y no inquisitiva de los perros remueve viejos recuerdos y puede animar al enfermo a responder (primero al perro, posteriormente tal vez al terapeuta). Algún enfermo que esté en su casa también puede reaccionar positivamente a la visita de un dócil y manso perro. Sea paciente, ya que tal vez se tarden semanas o meses antes de que la persona realmente responda al animal. En la medida que el encuentro resulte grato, merece la pena intentarlo.

OTROS ENFOQUES ÚTILES

El *Le Shan* difiere de las otras terapias en que no está principalmente basada en la teoría de la energía, sino en la consecución por parte del curador de un estado de conciencia superior que le permite propiciar que «el proceso de la realidad fluya». Los practicantes de *Le Shan* creen que todos poseemos una capacidad natural para sanar, a la que podemos acceder a través de esta técnica. En el shamanismo, el shaman cura por intuición, empleo de imágenes y utilizando un estado realzado de conocimiento que se obtiene empleando estimulantes, el rezo de salmos, la meditación, las danzas y los bamboleos.

La terapia a través de la música, la aromaterapia y otros tipos de relajación son excelentes maneras de escapar de la frustración. Pueden ayudar a la persona a sentirse bien de nuevo. Estas técnicas cada vez se utilizan más para tratar a las personas con Alzheimer.

RECOPILACIÓN

El reto de ayudar a una persona con Alzheimer consiste en entender los problemas de esa persona, continuar comunicándose con ella y mantener su interés por el mundo. Trate de dar amor, respeto y calidad de vida, pero conserve su salud y su vitalidad y encuéntrele un sentido a la experiencia. Los fármacos pueden ayudarle a afrontar los problemas de ansiedad, depresión y agresividad del enfermo, pero deben ser el complemento de otras estrategias y nunca una solución aislada. La solución a esta enfermedad no se encuentra en unas pastillas, ¡sino que es algo mucho más complejo! Y recuerde, el Alzheimer es un camino a recorrer que ofrece valiosas oportunidades y lecciones si usted se encuentra en disposición de aceptarlas y de aprender de ellas.

Tabla de fármacos para el tratamiento sintomático del Alzheimer

Nombre genérico	Algunos nombres comerciales	Acción
Agresividad		
Cloropromazina	Largactil	Neurolépticos
Flupentixol	Deanxit	
Haloperidol	Haloperidol	
Loxapina	Loxapac	
Pimozida	Orap	
Tioridazina	Meleril	
Tiotixeno	Navane	
Trifluoperazina	Stelazine	
Ciproterona	Androcur	Inhibidor hormonal
Hidrato de cloral		Sedantes
Temazepam	Restoril	
Carbamazepina	Tegretol	Anticonvulsivos
Ácido valproico	Depakine	
Ansiedad		
Buspirona	Buspar	Neuroléptico
Clonazepam	Rivotril	Sedantes
Diazepam	Valium	
Lorazepam	Idalprem	
Oxazepam	Suxidina	
Depresión		
Fluoxetina	Prozac	Inhibidores selectivos de la reabsorción de la serotonina (ISRS)
Fluvoxamina	Dumirox	
Paroxetina	Casbol	
Sertralina	Aremis	
Amitriptilina	Mutabase	Antidepresivos tricíclicos
Desipramina	Norpramin	
Doxepina	Sinequan	
Nortriptilina	Aventyl	
Moclobemida	Manerix	Inhibidor de la monoamino oxidasa (IMAO)
Falta de memoria		
Donepezilo	Aricept	Anticolinesterasas
Tacrina	Cognex	

Glosario

Acetilcolina: Es un neurotransmisor que en la enfermedad de Alzheimer disminuye notablemente.

Agnosia: Es la pérdida de la capacidad para identificar los objetos que se utilizan de forma cotidiana y para recordar sus usos.

Amiloide beta: Proteína anormal que se acumula en el cerebro de los enfermos de Alzheimer.

Anomia: Incapacidad para encontrar la palabra correcta, o para denominar por su nombre a los objetos cotidianos.

Apolipoproteína: Sustancias químicas cerebrales responsables de transportar las grasas y de curar la inflamación en el interior del cerebro; son importantes en el mecanismo de los daños cerebrales que se producen en la enfermedad de Alzheimer.

Apoplejía: Repentina lesión cerebral causada por la interrupción del suministro de sangre al cerebro o por la rotura de un vaso sanguíneo en el cerebro.

Apraxia: Incapacidad para efectuar movimientos y acciones intencionados, a pesar de que los sistemas motor y sensorial permanecen intactos; incapacidad para utilizar adecuadamente los objetos cotidianos, aunque la persona pueda reconocerlos.

Áreas de asociación: Áreas anatómicas y funcionales donde se integra la información proveniente de diversas zonas del cerebro.

Aterosclerosis: «Endurecimiento de las arterias»; estrechamiento de estos vasos debido a la acumulación de depósitos de materias grasas en el interior de sus paredes; constituye la causa de la mayoría de apoplejías.

Atrofia: Desgaste de los tejidos.

Axón: Es una proyección de la neurona, cuya función es transmitir información a otras neuronas.

Capgras, síndrome de: Una idea delirante habitual en el Alzheimer; el paciente cree que su cónyuge ha sido sustituido por un impostor de idéntica apariencia.

Circunloquio: Literalmente «hablar alrededor»; es una técnica que se emplea en las primeras fases de la enfermedad de Alzheimer y que consiste en comunicar un concepto sin emplear la palabra específica, que no se puede recordar.

Codificación: Es el proceso inicial de formación de la memoria, consistente en reconocer que algo es lo suficientemente significativo para fijarse en ello y en tratar de aprenderlo.

Córtex: La capa externa del cerebro humano; contiene los cuerpos celulares de las neuronas.

Creutzfeldt-Jakob, enfermedad de: Es una rara pero grave demencia que progresa rápidamente; se cree que es debida a una partícula infecciosa que todavía no ha sido identificada.

Demencia: Es una pérdida de funciones mentales como la memoria, la comprensión, el juicio, la capacidad de razonar; fallan las funciones cerebrales superiores.

Demencia del lóbulo frontal: Demencia caracterizada por el deterioro progresivo de la personalidad y por los problemas en el comportamiento social.

Demencia pugilística: Es una demencia frecuente entre los boxeadores, provocada por repetidos golpes en la cabeza.

Dendrita: Una de las muchas proyecciones en forma de dedo que parten de la neurona y cuya función es recibir información de otras neuronas.

Ecolalia: Es la repetición involuntaria de una palabra o frase.

Facilitación: Consiste en reforzar un recuerdo recuperándolo con frecuencia y volviendo a utilizar la información.

Hidrocefalia: Enfermedad del cerebro consecuencia de la acumulación de líquido cefalorraquídeo, que es el líquido que baña el cerebro y la médula espinal.

Hipocampo: Área próxima al lóbulo temporal del cerebro, responsable de la memoria a corto plazo que queda dañada en una fase inicial de la enfermedad de Alzheimer.

Infarto: Muerte de tejido a consecuencia de un suministro sanguíneo insuficiente.

Lóbulo frontal: Parte frontal del córtex del cerebro humano, responsable de la planificación, la comprensión y la personalidad.

Lóbulo occipital: La parte del córtex cerebral, en la parte posterior del cerebro, responsable de la visión.

Lóbulo parietal: La parte del córtex cerebral, en la parte superior y posterior del cerebro, encargada de la integración de los sentidos y de la capacidad para calcular.

Lóbulo temporal: Parte del córtex cerebral localizada en un lado del cerebro, responsable del habla y de la memoria.

Marañas neurofibrilares: Grupos de fibras en forma de filamentos que se encuentran en las células cerebrales dañadas por el Alzheimer.

Melatonina: Hormona secretada por el cerebro, responsable de preparar el organismo para el sueño.

Memoria a corto plazo: Capacidad para recordar, después de un corto espacio de tiempo, información almacenada en el cerebro para su inmediata utilización.

Memoria a largo plazo: Capacidad para recordar, voluntariamente y durante un largo espacio de tiempo, la información almacenada en el cerebro.

Memoria inmediata: Capacidad para recordar la información que acaba de obtenerse.

Neuroglia: Tejido cerebral que soporta y nutre a las neuronas.

Neurona: Célula nerviosa del cerebro.

Neurotransmisores: Sustancias químicas cerebrales que se encuentran entre las neuronas, que sirven para transmitir la información de una célula cerebral a otra.

Olvido benigno: Común e intrascendente pérdida de memoria respecto a hechos y detalles sin importancia que suele manifestarse entre los ancianos.

PET (Positron Emission Tomography): Tomografía de emisión de positrones. Es una técnica que produce una imagen del cerebro en funcionamiento, en la que se emplean marcadores radiactivos que son absorbidos por las células cerebrales al trabajar.

Pick, enfermedad de: Demencia en la que quedan afectados principalmente los lóbulos frontal y temporal. Se caracteriza por la inestabilidad emocional y la pérdida de la inhibición.

Placa neurítica: Acumulación característica de amiloides y detritus cerebrales entre las células cerebrales en la enfermedad de Alzheimer.

Proteína precursora de la sustancia amiloide: Es una proteína que se encuentra en las células cerebrales normales y que en la enfermedad de Alzheimer se metaboliza químicamente produciendo amiloide beta.

Radical libre: Es una molécula de oxígeno inestable, con una elevada carga eléctrica. Se cree que es una causa importante de la inflamación, del daño que sufren los tejidos y del envejecimiento.

Reacción catastrófica: Repentina, y a menudo violenta, explosión de ira y frustración, consecuencia de una provocación aparentemente trivial.

RMN: Resonancia magnética nuclear; una técnica altamente sensible que produce una imagen del cerebro utilizando un campo magnético.

Sinapsis: Espacio microscópico entre neuronas, donde se transmiten los impulsos nerviosos de una célula cerebral a otra.

Sistema límbico (lóbulo límbico): Parte del cerebro responsable del control emocional.

Tomografía axial computadorizada (TC): Se trata de una técnica de rayos X habitualmente utilizada en la enfermedad de Alzheimer. Produce una imagen del cerebro a través de la reconstrucción computadorizada de las imágenes de los rayos X.

Trastorno del atardecer: Pauta de conducta característica de la enfermedad de Alzheimer en la que aumentan la confusión y el nerviosismo al atardecer.

Recursos

Algunas asociaciones de familiares de enfermos de Alzheimer en España

Andalucía

C/ Alcalde Muñoz, 9, 8°; 04004 **Almería**; Tel. 95 023 11 69
Ayuntamiento de Cádiz; C/ Zaragoza, 1; 11003 **Cádiz**; Tel. 95 622 21 01
Carretera Antigua de Málaga, 59, 2° B; 18015 **Granada**; Tel. 95 820 71 65
Llano de la Trinidad, 5; 29007 **Málaga**; Tel. 95 223 90 902
C/ Virgen de Robledo, 6; 41010 **Sevilla**; Tel. 95 427 54 21

Aragón

Monasterio de Samos, 8; 50013 **Zaragoza**; Tel. 97 641 29 11 / 27 50
C/ Castellón de la Plana, 7, 1° B; 50007 **Zaragoza**; Tel. 97 637 79 69

Asturias

Avda. Constitución, 10, 5° F; 33207 **Gijón**; Tel. 98 534 37 30

Cantabria

C/ Sta. Bárbara, 625; **Puente de San Miguel**; Tel. 94 282 01 99
Centro Social de la Marga, s/n; 39011 **Santander**; Tel. 94 232 32 82

Castilla-La Mancha

C/ Antonio Machado, 31; 02203 **Albacete**; Tel. 96 750 05 45

Castilla y León

Plaza Calvo Sotelo, 9; 09004 **Burgos**; Tel. 94 727 18 55
C/ Fernando González Regueral, 7; 24003 **León**; Tel. 98 722 03 56
Hospital Provincial; Avda. de San Telmo, s/n; 34004 **Palencia**; Tel. 97 971 38 38
C/ Ayala, 22 bajos; 37004 **Salamanca**; Tel. 92 323 55 42
Plaza Carmen Ferreiro, s/n; 47011 **Valladolid**; Tel. 98 325 66 14

Cataluña

Via Laietana, 45, Esc. B. 1°, 1ª; 08003 **Barcelona**; Tel. 93 412 57 46 / 76 69

Comunidad Valenciana

C/ Empecinado, 4 entr.; 03004 **Alicante**; Tel. 96 520 98 71
Can Senabre; Llanera Ranes, 30; 46017 **Valencia**; Tel. 96 357 08 59

Galicia

C/ Pastor Díez, 40, 1° D; 27001 **Lugo**; Tel. 98 222 19 10

Islas Baleares

C/ Bellavista, 37 bajos, 1ª; 07701 **Mahón** (Menorca); Tel. 97 136 78 94
C/ San Miguel, 30, 4-A; 07002 **Palma de Mallorca** (Mallorca); Tel. 97 172 43 24

Islas Canarias

Juan Quesada, s/n; 35500 **Arrecife de Lanzarote**; Tel. 92 281 00 00
C/ Alejandro Hidalgo, 3; **Las Palmas de Gran Canaria**; Tel. 92 823 31 44 Extensión 269 de 16.30 a 20 h.
Plaza Ana Bautista, Local 1; 38320 **Santa Cruz de Tenerife**; Tel. 92 266 08 81

La Rioja

C/ Vélez de Guevara, 27 bajos; 26005 **Logroño**; Tel. 94 121 19 79

Madrid

C/ Eugenio Salazar, 2; Edificio COCEMFE; 28002 **Madrid**; Tel. 91 413 82 20 /
70 10 / 80 01

Navarra

C/ Pintor Maeztu, 2 bajos; 31008 **Pamplona**; Tel. 94 827 52 52

País Vasco

C/ Padre Lojendio, 5, 1° dcha. Dpto. 6; 48008 **Bilbao** (Vizcaya); Tel. 94 416 76 17;
Fax 94 416 95 96
C/ Santa Catalina, 3 bajos; 20001 **San Sebastián** (Guipúzcoa); Tel. 94 342 81 84
Paseo Zarategui, 100 Txara 1; 20015 **San Sebastián** (Guipúzcoa); Tel. 94 348 26 07
C/ Manuel Iradier, 22 pral.; 01006 **Vitoria** (Álava); Tel. 94 514 69 48

ALGUNAS ASOCIACIONES DE LUCHA CONTRA EL ALZHEIMER
EN LATINOAMÉRICA

Argentina

ALMA
Asociación de Lucha contra el Mal de Alzheimer
Lacarra, n° 78
1407 Capital Federal, Buenos Aires
Tel. 00 54 11 4671 11 87
e-mail: alma@satlink.com
página web: www.alma-alzheimer.org.ar

Brasil

FEBRAZ
Federaçao Brasileira de Associaçoes de Alzheimer
Rua Tamandré, 649
Sao Paulo 01425-001
Tel./Fax 00 55 11 270 87 91
e-mail: abraz@abraz.com.br
página web: www.abraz.com.br

Chile

Corporación Chilena de la Enfermedad de Alzheimer y Afecciones Similares
Desiderio Lemus, 0143
Recoleta
Santiago de Chile
Tel. 00 56 2732 15 32
Fax 00 56 2777 74 31
e-mail: alzchile@mi.terra.cl

Colombia

Asociación Colombiana de Alzheimer y Desórdenes Relacionados
Calle 69 A n° 10-16
Santa Fé de Bogotá, D.C.
Tel. 00 57 1348 49 97
Fax 00 57 1321 76 91

Costa Rica

Asociación de Alzheimer de Costa Rica
Apartado 4755
San José 1000
Tel. 00 50 6290 28 44
Fax 00 50 6222 53 97
e-mail: ximajica@sol.racsa.co.cr

Ecuador

Asociación de Alzheimer de Ecuador
Avenida de la Prensa, n° 5204 y Avenida de Maestro
Quito
Tel./Fax 00 59 3259 49 97
e-mail: alzheime@uio.satnet.net

El Salvador

Asociación de Familiares de Alzheimer de El Salvador
Asilo Sara Zaldívar
Colonia Costa Rica, Avenida Irazu
Sal Salvador
Tel. 00 50 3237 07 87
e-mail: ricardolopez@vianet.com.sv

Guatemala

Asociación Grupo Ermita
10ª Calle 11-63
Zona 1, Apto. B
P.O. Box 2978
01901 Guatemala
Tel. 00 50 2238 11 22
e-mail: alzguate@quetzal.net

México

AMAES
Asociación Mexicana de Alzheimer y Enfermedades Similares
Insurgentes Sur nº 594-402
Col. Del Valle, México 12
D.F. 03100 México
Tel./Fax 00 52 5523 15 26
e-mail: amaes@data.net.mx
página web: www.amaes.org.mx/famaes.html

Panamá

AFAPADEA
Asociación de Apoyo de Familiares de Pacientes con Alzheimer
Vía España, 11 1/2 Río Abajo
(Estación Delta)
6102 El Dorado, Panamá
Tel./Fax 222 0337

Perú

Asociación Peruana de Enfermedad de Alzheimer y otras Demencias
Trinitarias, 205 Surco
Lima
Tel. 00 51 1 40 7374
Fax 00 51 1 275 80 33
e-mail: magasc@terra.com.pe

Puerto Rico

Asociación de Alzheimer de Puerto Rico
Apartado postal 362026
San Juan
Puerto Rico 00936-2026
Tel. 00 1 787 727 4151
Fax 00 7 787 727 4890
e-mail: alzheimepr@alzheimerpr.org
página web: www.alzheimerpr.org

República Dominicana

Asociación Dominicana de Alzheimer y Trastornos Relacionados
Apartado postal 3321
Santo Domingo
Tel. 00 1 809 544 1711
Fax 00 1 809 562 4690
e-mail: dr.pedro@codetel.net.do

Uruguay

Asociación Uruguaya de Alzheimer y Similares
Casilla de correo 5092
Montevideo
Tel./Fax 00 598 2 400 8797
e-mail: audasur@adinet.com.uy

Venezuela

Fundación de Alzheimer de Venezuela
Av. El Limón, Qta. Mi Muñe - El Cafetal
Caracas
Tel. 00 58 2 98 59546
Fax 00 58 2 69 01123
e-mail: alzven@cantv.net
página web: www.mujereslegendarias.org.ve/alzheimer.htm

Páginas web de interés

http://www.uam.es/centros/psicologia/paginas/cuidadores/index.html
  Página para cuidadores familiares y profesionales.
http://www.alzheimer-europe.org/spanish/index.html
  Asociación de Alzheimer de Europa. ONG cuyo objetivo es la coordinación
  y cooperación entre las organizaciones europeas dedicadas a la EA, y la organización del apoyo a los que padecen la enfermedad y a sus cuidadores.
http://www.geocities.com/HotSprings/Spa/7712/
  Asociación de Alzheimer de Monterrey. Ofrece material para familiares, cuidadores y personas interesadas.
http://www.lacaixa.es:8090/webflc/wpr0pres.nsf/wurl/alma001_esp?Open
Document
  Informa del programa de voluntarios para ayudar a los enfermos de Alzheimer del ayuntamiento de Barcelona, de los programas de los talleres de esti-
  mulación de los enfermos, así como de las becas dedicadas a la investigación
  de enfermedades neurodegenerativas de esta entidad.
http://testamento_visual.com
  Asociación DMD (Derecho a morir dignamente).

Libros

Buckingham, R., *When Living Alone Means Living at Risk*, Nueva York, Pro-
  metheus, 1994.
Hamdy, R. C., J. M. Turnbull, W. Clark y M. Lancaster, *Alzheimer's Disease: A
  Handbook for Caregivers*, St. Louis, Missouri, Mosby, 1994.
Hodgson, Harriet, *Alzheimer's—Finding the Words*, Minneapolis, Chronimed,
  1995.
Honel, Rosalie Walsh, *Journey with Grandpa—Our Family's Struggle with Al-
  zheimer's Disease*, Baltimore, Johns Hopkins, 1988.
Mace, N. y P. Rabins, *The Thirty-Six-Hour Day*, Baltimore, Johns Hopkins,
  1981 (trad. cast.: *Treinta y seis horas al día*, Barcelona, Ancora, 1991).
McGowin, Diana Friel, *Living in the Labyrinth*, Nueva York, Delacorte, 1993
  (trad. cast.: *Vivir en el laberinto*, Barcelona, Alba, 1994).
Molloy, D. W., *What Are We Going to Do Now?*, Toronto, Key Porter, 1996, pu-
  blicado en EUA como *Helping Your Parents in Their Senior Years*, Buffalo,
  Firefly, 1997.
Molloy, D. W., *Let Me Decide*, Hamilton, Ontario, New Grange, 1998.
Rhodes, Ann, *Help and Advice for Caregivers*, Toronto, HarperCollins, 1997.
Temes, Roberta, *Living with an Empty Chair: A Guide through Grief*, Nueva
  York, Irvington, 1984.
Wilkinson, Beth, *Coping When a Grandparent Has Alzheimer's Disease*, Nueva
  York, Rosen, 1992.

DECLARACIÓN SOBRE ASISTENCIA SANITARIA FUTURA (TESTAMENTO VITAL)

DMD EUSKADI
Avda. de Baztán, 4. Entlo. izquierda
20012 San Sebastián
Tel. 943 291 622 / 943 266 702
Fax 943 291 822
e-mail: juantxo.d@euskalnet.net

DMD MADRID
José Ortega y Gasset, 77, 2º A
28006 Madrid
Tel. 915 445 143 / 914 022 312
Fax 914 028 499
e-mail: dmdmadrid@eutanasia.ws

DMD BARCELONA
Avda. Portal de l'Àngel, 7, 4º B
08002 Barcelona
Tel. 934 123 203
Fax 934 121 454
e-mail: admd@retemail.es

DMD GALICIA
Camiño da Raposa, 49 Bajo
36210 Vigo (Pontevedra)
Tel. 986 213 498
Fax 986 213 495
e-mail: asoc_dmd@terra.es

VÍDEOS

(Es posible que los encuentre en una asociación local de lucha contra el Alzheimer.)
Dancing Inside. Auguste Productions Inc. Hoechst Marion Roussel.
Grace. University of Maryland at Baltimore.
Just for the Summer. McIntyre Media Limited, Rexdale, Ontario.
Prescription for Caregivers—Take Care of Yourself. Terra Nova Films Inc. Toronto, Ontario.

Índice analítico y de nombres